雷锋年谱（纪念版）

湖南雷锋纪念馆 组织编写

余旭阳 邹文 主编

湖南人民出版社·长沙

向雷锋同志学习

毛泽东

1963 年 3 月 5 日刊登于《人民日报》头版

雷锋在望城

★ 1954 年秋，雷锋加入中国少年先锋队后的留影

★ 1957 年 1 月 1 日，雷锋在中共望城县委机关工作时的留影

★ 1957 年 7 月 20 日，雷锋在望城丽杰照相馆的留影

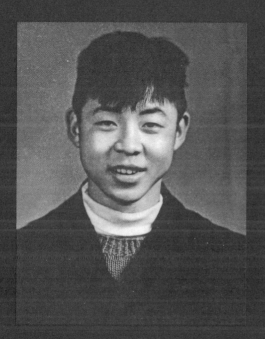

★ 1957 年 11 月，雷锋在望城的留影　　　★ 1958 年 2 月，雷锋在望城丽
　　　　　　　　　　　　　　　　　　　　杰照相馆的留影

★ 1958 年 11 月 14 日，雷锋在天安门广场的留影

雷锋在鞍钢

★ 1959 年 2 月 23 日，雷锋与鞍钢化工洗煤车间北甲吊车组同事的合影，后排右二为雷锋

★ 雷锋在鞍钢工作时的留影

雷锋在部队

★ 1960 年 1 月 1 日,雷锋入伍前的留影

★ 1960 年 7 月 19 日,雷锋参加沈阳军区体育运动比赛的留影

★ 1960 年 9 月,雷锋入伍后拍摄的持枪照(摄影:张峻)

★ 1960 年 1 月，雷锋练习投弹

★ 1960年1月28日，雷锋在照相馆
留影

★ 1960年1月28日，雷锋在照相馆留影。
照片题字"在部队成长的我"

★ 雷锋被聘为抚顺市本溪路小学校外辅导员时，少先队员为雷锋佩戴红领巾（摄影：张峻）

★ 1960 年 3 月 13 日，雷锋在照相馆留影

★ 1960 年冬，雷锋手持冲锋枪站在毛主席雕像前留影（摄影：季增）

★ 1960 年冬，雷锋在沈阳军区八一剧场开会期间的留影
（摄影：周军）

★ 1961年2月2日，雷锋赴海城作报告，夜晚在招待所挑灯夜读（摄影：张峻）

★ 1962年2月15日，雷锋出席工程兵工兵第十团第六届党代会的留影

★ 1962 年 2 月 19 日，雷锋在沈阳军区首届团代会上作发言（摄影：周军）

★ 雷锋对照教材学习汽车维修技术（摄影：张泽西）

★ 雷锋利用出车间隙在驾驶室学习毛主席著作（摄影：张峻 季增）

★ 雷锋和少先队员们的合影（摄影：张峻）

★ 雷锋教育孩子们从小要养成勤俭节约的好习惯
（摄影：张峻）

★ 雷锋在"解放牌"汽车前留影　　　★ 伟大的共产主义战士——雷锋
　（摄影：张峻）

序

秦国良

　　没有哪一种生命比活在人们心里更长久，没有哪一种精神比引领人的成长更永恒。雷锋精神就是这样。

　　作为20世纪70年代出生的人，我是在雷锋精神的熏陶鼓舞下成长的。遥想当年如火如荼的学雷锋活动，现在仍然记忆犹新，雷锋精神无时无刻不在指引着我前进，它于我、于我们这个时代而言，是头顶璀璨的星空，是心中长明的灯塔，是置身逆境依然不屈不挠、向善向上的力量。

　　望城作为雷锋家乡，孕育和见证了雷锋同志平凡而伟大的人生，也培育和铸就了雷锋永恒而崇高的精神。一直以来，望城始终以雷锋精神兴区育人，让学雷锋、做榜样成为全区人民的共同追求和自觉行动，让雷锋精神成为推动高质量发展的不竭源泉和强大动力。

　　在毛泽东等老一辈无产阶级革命家为雷锋同志题词60周年之际，湖南雷锋纪念馆以编撰修订《雷锋年谱》的形式向雷锋同志致敬，向雷锋精神献礼，充分彰显了雷锋家乡人民的深厚感情和使命担当。年谱编撰是"最花时间最吃功夫"的一门学问，本书以时间为轴，纤悉无遗地记叙了雷锋的生平经历、成长轨迹和思想动态，兼收雷锋同志部分代表作，对涉及雷锋童年时代及求学时代的部分史料，更是通过多方走访甄别、去伪求真，为广大学者读者研究雷锋生平事迹和雷锋精神起源提供了重要的第一手资料，让人们更加直观地触摸到雷锋同志短暂而永恒的一生，感受到雷锋精神平凡而伟大的魅力。

习近平总书记指出，雷锋是时代的楷模，雷锋精神是永恒的。当我们站在新时代回眸，依然会无尽感慨，曾经那样一位风华正茂的望城青年，在苦难中积蓄人格力量、在自强中追寻人生价值、在奉献中彰显人性光辉，用一生去修炼自己、照亮他人。他的事迹被写入《中国共产党简史》《中华人民共和国简史》，他的精神被纳入中国共产党人精神谱系，这既是他个人的荣光，也是属于每一个望城人的荣光。当前，我们正处在迈上全面建设社会主义现代化国家新征程、向第二个百年奋斗目标进军的历史时刻，肩负着学习好、宣传好、贯彻好党的二十大精神重大政治责任，面临着落实"三高四新"战略定位和使命任务、实施强省会战略、推进高质量发展、建设现代化新望城的艰巨任务。作为雷锋家乡的党员干部，越是重要关头、越到关键时刻，越有必要通过《雷锋年谱》，重温雷锋成长历程，接受雷锋精神滋养，像雷锋同志那样，无论何时何地，始终保持革命乐观主义精神、忘我奋斗精神、无私奉献精神、顽强斗争精神，汇聚正能量，提振精气神、踔厉奋发、勇毅前行，奋力开拓雷锋家乡的光明前景，努力交出党和人民满意的精彩答卷！

（作者系中共长沙市望城区委书记）

编撰说明

　　《雷锋年谱》是一部记述雷锋从 1940 年出生，到 1962 年因公殉职，22 年间生平事迹的编年体著作。年谱以湖南雷锋纪念馆馆藏资料为主要依据，参考了全国各地公开出版或发表的历史文献资料以及北京和辽宁等地相关机构的档案材料，全面充分地展示了雷锋的生平、经历和实践活动，以及思想发展轨迹和精神形成脉络，反映了他从旧社会苦难孤儿成长为共产主义战士的伟大飞跃。

　　关于这本年谱的编写体例，作以下几点说明：

　　、按年、月、日顺序记事，用条目式进行客观记述。

　　二、记述谱主的活动，一般省略主语。

　　三、为方便读者阅读，谱主名字都用"雷锋"。

　　四、按年、月、日顺序记述过程中，具体日期考订不清的写旬，旬考订不清的写月，月考订不清的写季，部分条目顺序根据当时历史情况有所调整。同日不同事件另起段落写"同日"。

　　五、对人名、地名、事件、组织等，以注释作详细介绍。其中，人名首次出现时，主要介绍这一人物在此事件中所任职务或者与谱主关系。

　　六、本年谱采用实龄计算法。如雷锋 1940 年 12 月 18

日出生，1962 年 8 月 15 日牺牲。虚龄 23 岁，足龄 21 岁，实龄 22 岁。

七、雷锋生前写过的文稿，如日记、小说、散文、诗歌、讲话稿等，本年谱仅摘录部分有代表性的作品，并对明显的文字错漏等作了修订。

八、如遇因时代变迁，地名有更改的，正文中写当时地名。

九、雷锋童年时代及求学时代的历史事件有一部分无精准资料可查，包括他工作过程中也有很多事件为亲人、同学、师友、领导、同事口述记录，所以本书在选择资料过程中，以科学态度加以甄别、梳理，用各种史料相互佐证，去伪存真。

谨以此书纪念毛泽东等老一辈革命家为雷锋同志题词 60 周年。

湖南雷锋纪念馆

2023 年 2 月

目　录
CONTENTS

雷 锋 家 世 简 表

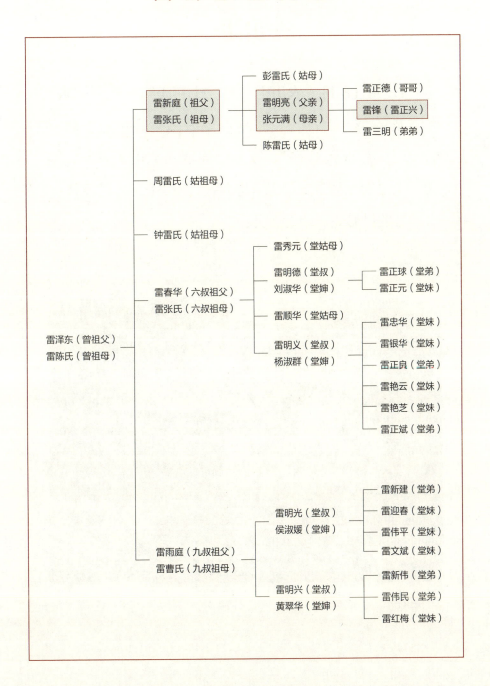

1940 年
—出生—

12 月 18 日（农历十一月二十日）　出生^①于湖南省望城县^②安庆乡^③（今长沙市望城区雷锋街道）简家塘一户贫苦农民家庭^④，家人给他取名"雷正兴"，因这一年是农历庚辰年，遂取乳名"庚伢子"。"雷锋"此名为他赴鞍钢工作前自改。

★ 雷锋故居

注释:

①据《长沙雷氏族谱》记载:明宣宗宣德年间(1428 年前后),雷锋先祖徙居现长沙市望城区境内。长沙雷氏世代平民,亦乏祖传产业,自雷锋曾祖父雷泽东以来,历代家居简家塘,佃种地主家几十亩田土为主业,农闲兼谋其他生计。雷泽东生育儿女养大成人者有三男两女,雷新庭排行老大,人称"雷大爹",雷春华排行第六,人称"雷六爹",雷雨庭排行第九,人称"雷九爹",两女名不详。雷锋出生时,家里有四位亲人:祖父雷新庭,父亲雷明亮,母亲张元满,哥哥雷正德。在他四岁那年,又添了弟弟雷三明。

②雷锋出生的湖南省望城县,自秦、汉设郡、县以来,经三国、晋、隋、唐及五代,历为长沙郡、长沙国、长沙县等辖境;北宋元符元年(1098),析长沙县南境五乡、湘潭县北境二乡置善化县,经南宋、元、明、清各朝,境内一直属长沙、善化两县;民国元年(1912)裁两县并入长沙府,直属湖南省管辖,次年改为长沙县,沿袭至中华人民共和国成立初期。1951 年 5 月,析长沙县湘江东岸西北角一部分和西岸全部地区建置望城县,属长沙专区,县人民政府驻地初设望城坡,后迁高塘岭。1959 年 3 月望城县并入长沙县,属长沙市管辖。1977 年 12 月,恢复望城县建制。2011 年 5 月撤销望城县,设立长沙市望城区。

③雷锋出生的望城县安庆乡建制、区划、名称历经多次调整改变,以"雷锋"命名始于 1968 年 9 月。当时,家乡人民为纪念雷锋,将坪山公社(原安庆乡)更名为雷锋公社,现为长沙市望城区雷锋街道。

④雷锋出生的茅草屋现在保留为雷锋故居，始建于清朝宣统年间，系地主唐少求给佃户建的庄屋，原有两进共 12 间，为湖南农村民居风格的茅草土木结构建筑，三面环山，西面临塘。现保存的是新中国成立后党和政府分给雷锋的 3 间房屋。从 1940 年出生起，雷锋在此生活了 18 年。土地改革中望城县人民政府将此房屋分给雷锋，颁发给雷锋的土地房产所有证上载明房产"简家塘茅屋叁间"。1958 年雷锋北上鞍山后，其堂叔雷明光在此居住过几年。1964 年起，当地政府对故居进行维护管理。1968 年，家乡人民在故居附近兴建雷锋纪念馆，故居由纪念馆负责日常管理。2000 年，为了加强故居的保护管理，扩征了周边用地，增建了管理用房、围墙等配套设施。2011 年，雷锋故居被列为湖南省文物保护单位。

1943 年
—三岁—

冬　祖父雷新庭①离世。

注释：

① 雷新庭（1881—1943），佃农，中年丧妻，育有一男二女。因无力抚养，不得不将两个女儿送人做了童养媳，和独子雷明亮生活，以佃种地主唐少求家的土地为生。在长年累月繁重劳动下积劳成疾，又逢唐少求在年关时节催租逼债，老人急火攻心，不幸离世。

1944 年
— 四岁 —

秋 长沙沦陷后，日寇到简家塘一带"扫荡"，雷锋一家人和乡亲逃到宁家冲的山沟里躲藏了几天。

冬 父亲雷明亮^①离世。

本年 弟弟雷三明出生。

注释：

①雷明亮（1907—1944），大革命时期加入安庆乡农民协会，任农民自卫队队长。大革命失败后，为躲避追捕，曾在长沙仁和福油盐号做伙计，长沙"文夕大火"期间被反动军警打成重伤，仁和福油盐号老板将他解雇，后回乡以抬轿为生。1944年日军侵占长沙，因反抗日军抓挑夫遭到毒打，几个月后病情加重含恨离世。

1946 年
— 六岁 —

2 月　跟随哥哥雷正德[①]"送财神"[②]。

7 月　跟随母亲张元满[③]学唱《打铁歌》[④]。

初冬　哥哥雷正德离世。

冬　弟弟雷三明夭折。

注释:

[①]雷正德(1933—1946),不满12岁时到离家200多公里的常德津市新胜机械厂当童工,染上了肺结核,做工时又被机器轧伤手,遭老板解雇。后到长沙河西溁湾镇一家印染坊当童工,繁重的劳动使他病情加重,因无钱医治不幸离世。

[②]望城当地民俗,从正月初一到十五,将印有财神赵公元帅像的红纸片,挨家挨户相送,乞求主家回赠钱粮、零食等,在当时是一种变相的乞讨行为。

③张元满（1910—1947），又称"雷一嫂"，1910 年出生在长沙县霞凝港一个铁匠家，家境贫寒，出生后被送进长沙育婴堂，后被育婴堂女佣杨李氏抱回家抚养，六岁到雷家当童养媳，长大后与雷明亮结婚。

④雷锋母亲张元满爱唱一首本地流行的《打铁歌》，歌词大意是："张打铁，李打铁，打把剪刀给姐姐，姐姐留我歇，我不歇，我要回家学打铁……"每回唱起这首歌，张元满就情不自禁地想起自己不幸的身世。后来，她叫庚伢子也学唱《打铁歌》。雷锋对母亲教的这首歌心领神会，像母亲一样唱得十分动情。

1947 年
── 七岁 ──

5 月　与母亲张元满到长沙城乞讨，遇到舅舅张翌舒。张翌舒到其工作的报社预支两个月薪水给张元满，嘱咐她回去另谋生路。

7 月　母亲张元满到地主唐少求家做女工，为唐家六小姐准备嫁妆。

★　雷锋母亲张元满用过的纺车

9月25日（农历八月十一日）　母亲张元满不堪地主的凌辱，将雷锋托付给六叔祖母照顾后，含恨悬梁自尽①。雷锋自此成为孤儿。

★ 雷锋用过的棉絮、蚊帐

注释：

①雷锋于1960年11月5日作忆苦思甜报告时说：我家祖辈三代都是给地主做长工，维持一家半饱的生活，我爸爸给唐地主做长工时，连一家半饱的生活也维持不住。到了荒年腊月，好久还看不到一粒米下锅。……我们住着一间破草房子，屋顶露着天，后墙倒塌。要是天下雨，外面下大的，屋里就下小的，我妈怕雨淋湿了我的脑袋，拿着一个破脸盆罩在我的头上，又怕冻着我，拿破烂麻袋披在我的背上。冬天冻得没法，只好拿几捆稻草，堵住风雪，冷得实在不行了，全家人紧紧地挤在一起，又拿上几捆稻草盖上。终年辛勤劳动，全家五口有米不够半年吃。……我妈被逼得上天无路、入地无门，在1947年8月中旬的一天晚上自杀。那天晚上，她泪汪汪地对我说："苦命的孩子，妈妈不能和你在一起了，靠天保佑，你要自长成人。"她脱下自己的一件衣服披在我的身上，叫我到六叔祖母家去睡，我走后，她就上吊了，和我永别了！

9月26日 被六叔祖父雷春华及六叔祖母收养。九叔祖父雷雨庭，堂叔雷明德、雷明光、雷明义及雷家的其他亲友，在自家生活也很艰难的情况下，都对雷锋伸出援手。

11月 跟六叔祖父学唱皮影戏，当童声伴唱。

1948 年
— 八岁 —

4 月 六叔祖父风湿病加重，不能外出唱戏，全家生活面临困境。雷锋偷偷外出讨饭，以减轻六叔祖父家的负担。

6 月 与邻居家几个伙伴到宁家冲地主徐松林霸占的蛇形山上砍柴，被徐松林的老婆发现后抢走箢箕和柴刀。在争夺柴刀的过程中，左手被徐松林的老婆砍伤，从此左手上留下了三道疤痕。

★ 雷锋给战友们看他手上被地主婆砍伤的伤疤（摄影：季增）

7月 背上长了背花疮，治愈后留下疤痕。①

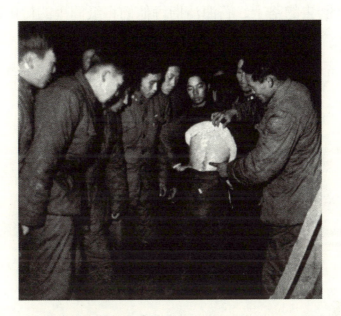

★ 雷锋给战友们看他童年时得背花疮留下的疤痕
（摄影：张泽西）

注释：

①雷锋在乞讨过程中，背上长了疙瘩，流脓流血，几天后形成大脓包，痛得无法入睡。回家后，六叔祖母发现他长的是要命的背花疮。六叔祖母去山上挖回十几种草药煮水给他内服外洗，一个多月才治愈，背上留下了一块拳头大小的永久疤痕。这个疤痕和手上的三道疤痕一样，是雷锋苦难童年的见证。

8月21日 和同村小伙伴石天柱乞讨到了滦湾镇，在街边遇到父亲的朋友——中共地下党员杨东泽。杨东泽拿出两个纸筒，让他们带给石天柱的父亲石海清。当晚在回去的路上，石海清指导他们将纸筒里的传单散发出去。

11月 在父亲的好友、中共地下党员彭德茂[①]的影响下，对中国共产党有了初步的认识。[②]

注释：

[①]彭德茂（1917—1998），1917年11月生，1948年10月13日加入中国共产党。湖南望城人，是雷锋父亲雷明亮的生前好友，对雷家一直热心相助。彭德茂曾任农民协会主席，1951年秋，担任望城县安庆乡乡长。彭德茂对雷锋关怀备至，1950年免费送他上学，高小毕业后又帮他安排工作，后又推荐他去望城县委担任通讯员。1998年病逝。

[②]一天，彭德茂对雷锋说："庚伢子，这下有出头之日了，共产党要来了。"雷锋问什么是共产党。彭德茂解释说："共产党是保护我们穷苦百姓的，共产党要打倒地主阶级，把地主霸占的田地分给老百姓……"

1949 年
— 九岁 —

4月1日 帮助中共地下党员戴耕耘躲避追捕。①

6月—8月上旬 和石天柱等伙伴在彭德茂等地下党员的指挥下，以讨饭作掩护，在长沙的大西门义码头、客渡码头、溁湾镇街头、望城坡、长宁公路东段等地，秘密传递或张贴革命传单和标语。

注释：

①据石天柱回忆：我和雷锋到长沙城乞讨，看到街上有人在带队游行。突然有五六个警察追过来，要抓游行队伍的领头人戴耕耘。雷锋急中生智，拉上我一起上前拦住这些警察讨钱，拖住了他们，帮助戴耕耘躲避了追捕。

8月上旬 找到驻扎在简家塘的解放军，第一次萌发参军的愿望。①

8月上旬 探听到军统特务刘少黎和童扬奎密谋成立假农会，阴谋夺取民兵的枪支和梭镖，煽动反革命武装暴乱，及时向彭德茂报告。

10月 中华人民共和国成立后，获得了新生，在党和政府的关怀下，得到了救济的粮食、衣被等。

注释：

①长沙和平解放后，解放军有个连队在简家塘附近临时驻扎，彭德茂负责联络，雷锋也跑前跑后地帮忙。帮助部队安顿下来后，雷锋还舍不得离开，拉着一位小战士询问参军事宜，并一再要求小战士帮忙去给连长说他想去参军。小战士找连长报告了雷锋想参军之事，连长通过走访了解了雷锋的身世，觉得他还太小，不符合当兵要求，就婉拒了雷锋。部队离开简家塘时，他又找到连长要求参军。连长勉励雷锋长大了再参军，并把一支钢笔送给他。

1950 年

— 十岁 —

4月　经过 120 多名儿童民主选举，经安庆乡农会批准，被选为安庆乡儿童团团长。他们扛着红缨枪列队操练，给老百姓传唱革命歌曲、表演秧歌，有时到村口站岗放哨，有时跟民兵征粮支前。

4月　一天晚上，和几个儿童团员手持红缨枪巡逻，发现地主陈世灿用皮箱往黄泥岭亲戚家转移财产，他们堵住陈世灿，并将其押送到农会。

9月 到龙回塘小学（原刘家祠堂）上学读书。在彭德茂的陪送下，来到龙回塘小学开始就读初小①一年级。因为是孤儿，乡人民政府给雷锋免除了学费。

9月 开学第一天，背着六叔祖母缝制的小书包去上学。

★ 六叔祖母为雷锋缝制的书包

注释：

①据《望城县志》记载：新中国成立初期，望城沿用民国"四二"学制，一至四年级为初小，五至六年级为高小。

9月 入学第一堂课，学写"毛主席万岁"。^①

注释：

①据龙回塘小学雷锋的启蒙老师李扬益回忆：开学第一堂课，雷锋让我教他写"毛主席万岁"。我先用毛笔在一张纸上端端正正地写上"毛主席万岁"，接着就把这五个字的笔画名称和执笔方法一一告诉雷锋。雷锋聚精会神地看着，跟着我一句一句地念着笔画的名称："一撇、一横、一横、一竖弯钩……"开始，雷锋写出的字歪歪斜斜，他非常焦急地问我："老师，为什么我的字总写不好？"我说："勤学苦练，字就能写好。"他于是坐下来认真地练呀练呀，把"毛主席万岁"这五个字写了一行又一行、一页又一页……

11月　安庆乡土改工作正式展开，雷锋积极参加土改，带领儿童团手持梭镖站岗放哨，押着地主游街，还和民兵一起监督地主劳动，保卫胜利果实。

11月　在批斗大会上，控诉恶霸地主罪行。①

11月　土改时，打竹板唱《百子歌》。②

注释：

①雷锋看到地主徐松林的老婆在台上被批斗，想起她曾经用柴刀砍伤自己的手，想起家人的惨死。他再也忍不住心中的悲愤，几步冲到徐松林的老婆面前，伸出被砍的手，指着手上的伤疤愤怒地控诉，并振臂高呼"打倒地主"。

②《百子歌》歌词：地主出门坐轿子，带着狗腿子，手拿算盘子，逼着农民交租子；毛主席救了穷伢子，打倒地主和狗腿子，挖掉穷根子，分田分地分房子，跟着共产党一辈子，永远过幸福的日子……

12月　和石天柱协助彭德茂缴获地主财物。①

注释：

①一天傍晚，雷锋和石天柱从地主朱万顺屋后路过，发现朱万顺领着儿子拿着锄头钻进了树林。他让石天柱就地隐蔽，自己尾随其后，发现朱万顺指点儿子挖了一个地洞，然后回家挑了三担东西埋进去。他让石天柱继续监视，自己马上跑到农会将这一情况汇报给彭德茂。彭德茂听后立即调来民兵，包围了朱家屋后的树林，从地洞中挖出了两箩筐大洋、金条等物。

1951 年
— 十一岁 —

3月 在土改中按政策被划为贫农，分得水田2亩4分，山林4亩8分，山地3亩5分，茅屋3间，还有家具1套，浮财①1批，稻谷600斤。

6月12日 在龙回塘小学举办的支援抗美援朝捐献活动上，将堂叔给的压岁钱200元（币制改革前的旧币面额，相当于新币2分）捐献出来。

注释：

① 浮财：土地改革时期，地主和富农所拥有的金钱、粮食、衣服、什物等动产。

1952 年
— 十二岁 —

9月 因龙回塘小学校舍要另作他用，转到上车庙小学就读。

11月 农村送交公粮的时候，经常在六叔祖父家附近的黄花塘粮站要道上，帮助送公粮的农民推车上坡。

12月 获得了望城县人民政府颁发的土地房产所有证，土改时分得的水田、房屋等均列在土地房产所有证中。

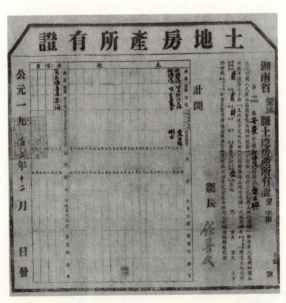

★ 望城县人民政府颁发给雷锋的土地房产所有证

1953 年
— 十三岁 —

2 月　因上车庙小学校舍拆除，在彭德茂帮助下转学到距简家塘约 5 公里路的天顶乡向家冲小学，就读三年级。

5 月　主动申请加入学校新组建的腰鼓队，经班主任谭礼老师批准后成为校腰鼓队队员。

12 月　以腰鼓队队员身份参加学校组织的全县冬季征兵宣传活动。

1954 年
― 十四岁 ―

3 月　到长沙市青少年宫参观学习，在刘胡兰塑像前鞠躬致敬。①

4 月　学校经常开展大扫除，雷锋因为离学校远不方便带卫生工具，就跑到山上找了些棕树叶、竹棍子扎成扫帚，和同学们一起参加劳动。

注释：

①学校组织全校师生步行去长沙市青少年宫参观学习。当走到青少年宫的刘胡兰塑像前时，老师告诉学生们，"生的伟大，死的光荣"是伟大领袖毛主席为刘胡兰题的词，雷锋便庄重地向塑像鞠躬致敬，接着又绕塑像走了一圈，其他同学也跟随着雷锋鞠躬并绕圈，表达对英雄的仰慕之情。

4月28日 学习《新湖南报》刊登的青年团湖南省委写给冯健①的表扬信②后，和同学们展开讨论并发言。雷锋说：祖国需要就是我的志愿，我要向冯健姐姐学习，到农业战线去锻炼。

★ 原望城县西塘高级农业社第二社社长冯健

注释：

①冯健，女，1937年生，湖南望城人。1953年在长沙市城东二校高小毕业后，响应党和政府号召回乡参加农业生产，1954年9月15日被选为大湖乡西塘高级农业社第二社社长，1956年3月加入中国共产党。先后担任共青团湖南省委学校部部长，省总工会女工部部长、党组成员、副主席，省女职工委员会主任、纪检组组长等职，是湖南省劳动模范，省青联委员，全国青年社会主义建设积极分子，共青团第九届中央委员。先后三次受到毛泽东等党和国家领导人的亲切接见。她的先进事迹激励着雷锋，对雷锋高小毕业后的人生抉择产生了影响。

②信中介绍了女青年冯健高小毕业后回乡养猪，被评为全省养猪模范的事迹，赞扬她的行为是青年团员热爱社会主义、热爱劳动、服从祖国需要的高尚品质的表现。

7月　洞庭湖区遭遇了百年不遇的洪灾，湖南省组织进行洞庭湖堤垸修复工程。雷锋放学后去学编草鞋，并将编好的草鞋送到乡政府，捐献给修堤民工。

★ 雷锋编草鞋用的草鞋耙

9月 在向家冲小学四年级初小毕业后，考入清水塘完全小学，就读高小五年级。

10月 加入少年先锋队。清水塘完小筹建中国少年先锋队组织，雷锋成为加入少先队组织的第一批队员，在入队仪式上代表新队员讲话，后被选为学校中队委员。加入少先队组织后，他佩戴红领巾拍了一张半身照片。

11月 克服困难坚持上学。雷锋家虽然离清水塘完全小学近8公里，但他克服困难，仍然每天准时到校。同学们为他编了一首顺口溜，并刊登在班级的墙报上：

小小雷正兴，家里贫又穷；赶路几十里，早到第一名；学习他最好，活动他最行；大家学习他，争做好学生。

11月 写作文《我的家庭》。①

注释：

①有次老师布置了一个作文题"我的家庭"，雷锋从爸爸、兄弟的死，再写到妈妈的死，以及获得新生后对共产党的感恩，字里行间充满感情，老师同学都被他写的作文感动得流泪。

12月 找到负责征兵工作的同志，第二次提出参军的愿望。①

本年 主动参加学校和乡政府组织的宣传农业合作化活动，参与打腰鼓、扭秧歌、表演"三句半"、民歌联唱等节目，深入宣传农业合作化的政策和社会主义新农村的美好前景，受到群众欢迎。

注释：

①据县委组织部干部黎国平回忆：1954年初冬，县委派我到安庆乡协助冬耕冬种和征兵工作。有一天晚上，我们正在乡政府开会，进来一个约莫十三四岁的小青年。彭乡长指着他对我说："这是小雷，还在小学读书，找过我四次了，要求参军。"我放下钢笔，打量着眼前这位小青年。雷锋一听我是县里来的，眼里闪着希望之光，马上向我提出要求："黎同志，我要参军！"考虑到他年纪太小、还在读书，我没有同意。随后雷锋天天都跑来，软磨硬泡，要求参军。他总是对我说："我祖祖辈辈都是穷苦人，受尽了地主老财、日本鬼子的气，现在我搭帮党和毛主席翻了身。保卫祖国，是我们的义务。你就同意吧！"每当我看到他那焦急而又诚恳的眼神和那充满稚气又带着执拗神情的娃娃脸时，真不忍心立刻回绝他，只好安慰他说："你还小，先好好读书，别着急，过两年我们一定让你去……"

1955 年
— 十五岁 —

1 月 8 日 六叔祖父的两个儿子雷明德、雷明义分家后，雷锋和堂叔雷明光及九叔祖母一起生活。

3 月 因上学路途太远，在清水塘完全小学就读一个学期后，转到离家较近的荷叶坝完全小学①，插班读五年二期，是当时全校唯一一名少先队员，被称为"种子队员"。

注释：

①荷叶坝完全小学校舍系解放前长沙绸缎商刘善阶的避暑庄园，解放后人民政府接管，部分房舍用作安庆乡政府办公，部分房舍创办荷叶坝小学，1951 年开设初级小学一至四年级四个班，1954 年新招高小班一个，学校更名为"望城县安庆乡荷叶坝完全小学"。雷锋因公殉职后，家乡人民在学校用两间教室设立了"雷锋烈士遗物和生平事迹图片展览"，从 1963 年 2 月 23 日开展一直延续到 1968 年底。1967 年为纪念雷锋，学校更名为"望城县雷锋学校"，同年开设初中班，1970 年开设高中班，1977 年小学部迁出，成为完全中学。1997 年望城七中并入该校，2004 年成为湖南省示范性普通高级中学，2008 年更名为"长沙市雷锋学校"。现该校完整保留原荷叶坝完全小学旧址，2014 年旧址被列为长沙市文物保护单位。

★ 雷锋母校——荷叶坝完全小学旧址

4月 在农业合作化中，把土改时分得的 2 亩 4 分水田全部加入了农业合作社。

5月上旬 作为学生代表向从抗美援朝前线胜利归来的战士（班主任肖叔陶老师的儿子）献花、献红领巾，并在欢迎会上发言，希望参加中国人民解放军，做一个坚强的战士。

5月上旬 在少先队酝酿大队委候选人名单的会议上，被同学们全票推选为候选人，还被夏柳①老师推选为荷叶坝完全小学第一批鼓手。

注释：

①夏柳，男，1929 年生，湖南望城人。1952 年开始从事乡村小学教育工作。1954 年 7 月—1956 年 7 月在荷叶坝完全小学任教，曾担任历史和体育老师。学校成立少先队后，他被聘为少先队中队辅导员，与雷锋建立了良好的师生关系。当年，他在教师笔记中记录了雷锋的学习成绩以及在荷叶坝完全小学毕业典礼上的发言。

5月4日　在少先队干部学习会上发言。荷叶坝完全小学少先队建队第四天，大队辅导员常业勤老师在少先队干部学习会上向大家讲述了少先队的历史，作为少先队组织委员的雷锋在发言中说：红领巾是红旗的一角，是先烈的血染红的，将来我长大了，要像先烈们一样，把我的整个生命献给无产阶级革命事业，使我们的革命红旗更加鲜艳，永不褪色。还有，我将来要当个少先队辅导员，系上这样的红领巾，培养更多的少年们做红色的接班人……

5月15日　与荷叶坝完全小学四、五年级学生一起到湖南烈士公园过队日，并与老师、同学集体合影。

★ 荷叶坝完全小学少先队员在湖南烈士公园过队日时的合影，前排左一为雷锋

同日 到湖南烈士公园过队日途中遇到下雨，脱下自己的衣服包住队旗，不让队旗被淋湿。

5月下旬 望城县委向荷叶坝完全小学赠送了300多本图书，学校又自行添置一部分图书，开办了一个图书室，雷锋主动担任图书室管理员。①

6月1日 荷叶坝中心校片区十余所学校的1500多名少年儿童在荷叶坝完全小学集会，庆祝"六一"儿童节，雷锋在大会上发言。

注释：

①据夏柳老师回忆：雷锋自告奋勇担任了图书室管理员，他按学校规定的时间管理图书室，并利用课余时间如饥似渴地阅读。当发现图书破损，就将图书修补好。图书室关门前，他组织同学们将图书送归原处，摆放整齐，锁好门才离开。

6 月　下雨天，用竹节制成竹屐，绑在脚上，用来防水、防滑。

★　雷锋自制的竹屐

7 月　刮风下雨天，送低年级同学过桥。①

注释：

①荷叶坝完全小学校园东面有一条小河，河上有一座小桥，是学生们上学的必经之路。每逢刮风下雨，小河水流特别湍急，年纪小的同学不敢从桥上过，需要老师到桥边接送。雷锋组织几个高年级同学，在刮风下雨天，轮流负责接送低年级同学过桥。有一次，小桥被洪水淹没，雷锋不顾生命安危，抢先试探水位，并将陈爱萍等低年级同学一个个牵过了桥。

8月　为配合农村推广科学种田，和同学吴强国一起演出情景剧《盒式秧田》。在剧中，雷锋扮演青年突击队队长，吴强国扮演农业生产合作社社员。

9月　担任安庆乡宁家冲扫盲夜校的小教员。①

注释：

① 望城县掀起扫盲办夜校的高潮，由于缺少老师，雷锋和同学谢迪安等人主动到黄花塘片区带头实行包教、包学，并在钟二婶家里上课，群众积极响应。他第一堂课教乡亲们写的，正是他自己入学第一课学会的"毛主席万岁"。他还将农村常用字、农村俗语编成顺口溜"李一婶插秧，一天二亩，钟二叔打谷子，一担两百斤……"，深受夜校学员欢迎，成为夜校出色的"小先生"。

9 月　写下《我的家史》贴在班级墙报上。

10 月　荷叶坝完全小学要求少先队员带头学讲普通话，雷锋第一个报名。①

10 月　与同学凌小俐表演歌舞《小锯子》。②

注释：

①据谢迪安回忆：雷锋第一个报名学讲普通话。从此不管课内课外、校内校外，他都讲普通话。学期即将结束时，学校组织了普通话竞赛，他用普通话富有感情地朗诵了《四季生产歌》"和风迎面吹，花开蝴蝶飞，麦苗儿绿绿，桑草长得美……"，获得了学校的奖励。

②据老师张仲明回忆：推山完全小学与荷叶坝完全小学举行文艺联欢会，两所学校的学生互相拉歌、争相表演，气氛热烈。联欢会尾声时，两所学校商量决定各自多出一个节目，雷锋主动请缨，与文体委员凌小俐一起演出《小锯子》。以前，雷锋与凌小俐曾一起表演过《小锯子》，演出后很多同学曾调皮地笑过他俩，但雷锋从没把它放在心上，还对凌小俐说："我们是少先队员，是兄弟姐妹，怕什么，一定要为集体争光……"演出时，他俩手拉着手，边唱边舞："小锯子，亮光光，喀嚓喀嚓亮光光；你来我往忙又忙，你来我往忙又忙……"清脆的歌声、优美的动作赢得了师生们的热烈掌声。

10 月　帮助同学张义华改正错误，恢复少先队队籍。①

11 月　上学途中，帮老人推土板车。②

12 月　同学阎振球因先天性癫痫病发作滚到了路边的水塘里，雷锋果断跳入寒冷刺骨的水塘中，与几位同学一同将发病的阎振球救上岸。

12 月　所在的宁家冲扫盲夜校，在全县组织开展的检查评比中名列第一，雷锋被望城县委评为"模范群教"，这是他第一次荣获的县级荣誉。

12 月　被学校评为"毛泽东时代的好学生"。

注释：

①同学张义华损坏农田的秧苗，村民到学校告状，学校决定暂停张义华的少先队队籍。雷锋感到有责任帮助张义华，课余时间他就找张义华说明粮食来之不易，从播种到收割，每一粒粮食都饱含了农民辛劳的汗水，并与张义华放学后到村民的田里把歪斜的秧苗扶正，把缺了的秧苗补上，又带着张义华到村民家做了检讨。最后学校恢复了张义华的少先队队籍。

②据同学刘中柱回忆：上学路上，雷锋与石天柱遇见一位老人吃力地拖着土板车上坡，他们跑上前，主动帮助老人。因此事迟到 15 分钟，被老师罚站。当老师了解迟到原因后，在课堂上表扬了他们。

1956 年
— 十六岁 —

2 月　同学李建芝在上学途中，不小心将鞋子甩到田里找不到了，放学后雷锋帮李建芝在田里到处寻找，找到后又把鞋子洗干净带回家烘干，第二天再送给李建芝。

3 月　荷叶坝完全小学开展"做好事、作贡献，向'七一'献礼"活动，在班主任的带领下，全班同学决心向党的生日献份厚礼，成立了矿石收音机研制攻关组。雷锋积极参加研制小组，并和大家一起成功研制出一台矿石收音机。

4 月　学校组织同学们到杉树桥参加支农夺丰收的积肥运粪活动，将牛粪运送到农业社的水田里。一个同学没带劳动工具，雷锋主动将自己的工具让给这名同学，自己下到水田徒手抛撒牛粪。

5月 书法课上用毛笔写"毛主席万岁"。①

5月 男扮女装，表演哑剧《小渔夫》。②

5月 在军事训练时与同学们一起夺得"敌方"军旗。③

注释：

①学校上书法课，雷锋完成了班主任钟霞生老师布置的书写任务后，又拿出自备本子写了起来，钟老师很好奇，走过去一看，原来雷锋在本子上写满了"毛主席万岁"。雷锋告诉老师，他不是今天才写"毛主席万岁"的，他已经写了6年了。钟老师问他为什么要写"毛主席万岁"。他说：我热爱毛主席，所以天天写，我要永远热爱毛主席！

②据学校少先队总辅导员常业勤回忆：清水塘完全小学与荷叶坝完全小学联合开展少先队活动，准备排演一出《小渔夫》的哑剧，因剧情复杂，渔夫女儿这个角色表演难度大，许多同学不敢担任。雷锋得知离活动时间只有几天了，而扮演渔夫女儿的演员还未物色好，就主动报名担任。最后他男扮女装，表演得惟妙惟肖，博得了两校同学们的喝彩。

③据同学李建芝回忆：有次星期六上体育课时，老师组织同学们在梅子岭做军事训练。雷锋被分到了第三分队，他提出直线前进的建议，与同学们一起冲锋，抢占了梅子岭顶峰，并夺得了"敌方"军旗。

5 月　帮低年级同学找凳子并摆放好。①

5 月　和同学刘中柱在山上找到五六块石头，将一根钢丝伞骨磨尖后，尝试在磨平的石头上刻字，开始将字都刻反了，雷锋反复琢磨，终于找到办法将字刻正了。他用这根磨尖的钢丝伞骨为自己和同学们刻了不少印章。

5 月　帮助同学朱海涛。②

注释：

①据同学石天柱回忆：荷叶坝完全小学的东头横屋就是安庆乡政府驻地，乡政府会议室没有凳子，每次晚上开会，需要从学校教室里拿凳子坐。第二天一早，孩子们到校后需到会议室搬回自己的凳子。一、二年级离会议室最近，教室里凳子被开会的人拿走最多。雷锋知道后，经常在乡政府开会的第二天早上提前到校，主动去给低年级同学帮忙，将凳子找齐摆好。

②同学朱海涛上课不认真听讲，作业马虎，经常挨老师批评，可朱海涛仍不改正。雷锋想尽办法帮助他，多次绕路陪朱海涛一起回家，一路上谈心，勉励他好好学习，终于使他成为班上的好学生，加入了少先队组织。

5月 帮助同班同学彭淑华。①

6月 在荷叶坝完全小学第一批新团员的入团宣誓会上，作为进步学生代表发言：**一定争取早日加入中国新民主主义青年团。**

6月 自制"百宝箱"、铁环和陀螺。②

注释：

①同学彭淑华生病，几天没有上学，雷锋组织同学们经常去看望她，帮助她补习功课。

②据同学谢迪安回忆：雷锋做了一个"百宝箱"，里面钉子、锤子、锯子、钳子、剪刀、铁丝等样样皆有。他将铁丝、箍木桶的铁圈收集起来打磨干净自制铁环，还将小木头收集起来制作考究的陀螺。他不仅会制作，还是滚铁环与打陀螺的高手。打的方法也很多，用绳子打，用鞭子打，用棍子直接打，直接用脚踢。上学的时候，雷锋书包里经常装着陀螺，腰间别着鞭子，带到学校里，待课余时间便一展身手。

6月　和同学们一起填好被暴雨冲坏的道路。①

注释：

①据同学石天柱回忆：黄花塘下坡处的砂石路面在暴雨的冲洗下，变得坑坑洼洼，影响行人车辆通行，雷锋便邀几个同学一起去填路。他们分工合作，挑土的挑土，运砂的运砂，他们将砂子、泥土和匀，填在路面的坑洼处，拍紧压实，将路整平。

6月　帮助双目失明的陈玉林老人砍柴、挑水。①

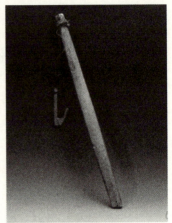

★ 雷锋用过的柴刀、扁担

注释：

①据同学陈金华回忆：雷锋放学后去砍柴，挑柴下山时，看见前面山坡上双目失明的陈玉林老人挑着一担柴一脚踩空，人与柴担一起滚下来。他急忙跑上前扶起，并帮陈玉林老人将柴送回了家。他还经常帮陈玉林老人挑水。

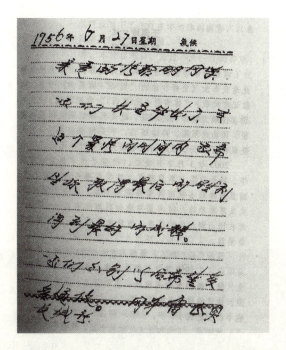

★ 雷锋小学毕业前夕写给同学张绍明的临别赠言

6 月 27 日　在同学张绍明的日记本上写下赠言：
我们快要毕业了，在这个紧张的时间内，我希望你取得
最后的胜利，得到最好的成绩。我们分别以后，希望多
多通信。

7 月　兼任安庆乡政府的义务通讯员。乡政府通知
开会，或与群众联系工作，凡离雷锋家近的黄花塘那一
片区域的通知，一般都交给雷锋放学后去送发。

7月 夏柳老师在笔记本上写下：雷正兴，工作积极，关心同学，尊敬老师，记甲奖一次。

7月15日 参加荷叶坝完全小学第一届第一班毕业典礼，并在毕业典礼上主动发言①。

同日 荷叶坝完全小学第一届第一班同学合影留念。

★ 荷叶坝完全小学第一届第一班同学毕业合影，前排右五为雷锋

注释：

①据夏柳老师回忆：毕业典礼上，本来没被安排发言的雷锋主动走上讲台即席发言，我在笔记本上记录了他的发言内容。

7 月 高小毕业后，没有继续读初中，回到农业社生产队务农，被选为柳塘湾生产队记工员。

★ 雷锋在小学毕业典礼上发言，这是夏柳老师记录发言
内容的手稿

8 月 乡长彭德茂组织乡领导开会研究，决定安排雷锋到乡政府担任通讯员，同时仍兼任柳塘湾生产队记工员。

8 月 作为"秋征助理员"协助乡干部到本乡各村和社队征收公粮。

8月上旬 被彭德茂和县委组织部干事黄菊芳推荐为望城县委通讯员人选。①

11月17日 与彭德茂从安庆乡步行20多公里，中午时分到达望城县委机关。

注释：

①据黄菊芳回忆：县委原交通员兼通讯员陈厚明参军去了，急需一个人来接替他的工作，张兴玉书记安排我物色人选。我到安庆乡政府时，彭德茂推荐了雷锋。雷锋想参加革命工作，请我一定要帮他介绍推荐，还回家拿了他自己写的一本小册子，册子封面上用毛笔书写着"苦难的家史我的理想"，里面主要记载在万恶的旧社会，他经受过的苦难及立志向英雄人物学习的理想，我读后深受感动。进一步了解后，觉得他根正苗红，虽然个子不高，但人很聪明机灵，于是向县委领导推荐了他，得到了张兴玉书记的首肯。

同日 下午，和彭德茂一起来到望城县委书记张兴玉①办公室报到，成为张兴玉的通讯员。雷锋在一次报告中回忆道：**在 1956 年年底，县委就把我调到望城县委会当警卫员，我走进望城县的时候，看见大楼前挂了个牌子，上面**

★ 雷锋在中共望城县委机关当通讯员时用过的公文包

写着'中共望城县委员会'这几个大字，当时我就特别高兴。我想到这样一个穷孩子，可以在这样大的机关里工作，这是我做梦也想不到的……

注释：

①张兴玉（1922—1999），男，1922 年 6 月出生于山西省五台县坪沟掌村，1953 年 6 月至 1958 年 10 月任望城县委书记。后历任岳阳县委书记、湘潭地委副书记、益阳地委副书记兼宁乡县委书记、省林业厅副厅长、省农业厅副厅长等职，1982 年 12 月离休，1999 年 12 月 23 日病逝。雷锋于 1956 年 11 月到县委机关担任张兴玉书记的通讯员，他们相处近两年。张兴玉了解雷锋的苦难身世，从生活上关心他，在政治上培养他，经常给雷锋讲革命道理以及刘胡兰、黄继光、郭亮等英雄人物的故事，让雷锋阅读《为人民服务》《把一切献给党》等书籍。雷锋好学上进，艰苦奋斗，甘当革命的"螺丝钉"，与张兴玉书记的言传身教是分不开的。

11月18日 听张兴玉上人生第一堂思想教育课。①

11月 兼任张兴玉的警卫员。②

11月 在张兴玉家中，见到了全国青年社会主义建设积极分子冯健。③

注释：

①据张兴玉回忆：雷锋正式走上工作岗位后，我找他进行了一次长谈，足足谈了两个多小时，这是我给他上的第一堂思想教育课。

②为了确保人身安全，组织上决定，允许张兴玉与雷锋下乡带枪。张兴玉带一支"撸子"（短枪），雷锋挎卡宾枪。雷锋每天都将这两支枪擦拭得闪闪发亮，从此，他除做好通讯员外还身兼警卫员。

③据冯健回忆：那天，我到县城办事，顺道去县委书记张兴玉家拜访，进门就见到一个陌生的男孩，正手把手教张书记的大女儿张秀芳系红领巾，他个子不高，身材瘦小，穿着朴素、整洁，估计年龄不过十五六岁。我以为是张书记家的客人，没等我问，张书记就指着他给我介绍说："你们还不认识吧，新来的公务员小雷。"

11 月 县委机关人手少、事情多，有些办公室忙起来连开水都顾不上打。雷锋主动与厨房的大师傅商量好，瓮坛里的水一开就摇铃子，他听到铃声就提热水瓶去灌满开水，再一一送到大家的办公室。

12 月 18 日 县委交通班通讯员张建文结婚，雷锋买了一块压相片的玻璃板作为结婚贺礼，还帮忙做了一整天的事。晚上，为欢庆张建文新婚，他跑到一里路外的县委机关大院，找负责的领导借用了两盏煤气灯，将婚房内外照得通亮。

12 月 收到张兴玉赠送的《怎样做一个有共产主义道德的人》一书。

12 月 收到张兴玉赠送的大衣、手套。

12 月 跟县委财贸部干事周绍铭学习写毛笔字。[①]

注释：

①据周绍铭回忆：雷锋在机关领了个记录本，用自己带来的一支钢笔做学习笔记。我看过他写的字，笔画不准，架子不稳，我便在机关消费社买了毛边纸，装订了大小字本，打好了套用的格子，还买了大小字毛笔和墨汁，把我自己用过的一本柳体字帖送给他，规定他每天工作之余，练写大小字各一页。

12月 向周绍铭请教写日记的方法和要领。①

12月 县委办公室主任皮问安与雷锋谈心，强调他的工作任务是：在张兴玉及县委领导集体开会时，供应茶水、打扫卫生，管好会议室；在下乡检查工作时，照顾好张兴玉的生活，做好警卫和通讯工作；同时要挤出时间好好学习。他表态，好好学习，坚决完成工作任务。

12月 望城县委有时晚上召开常委会，雷锋负责会前服务工作，工作完毕后，他就坐在会议室侧房的板凳上看书。冬天房里没有火炉，张兴玉与其他领导看到了，就要他去休息，他却一直坚守岗位，等会议结束时经常是深夜一两点，他仍坚持打扫收拾完会议室才去休息。

注释：

---

①雷锋向周绍铭请教如何写日记，周绍铭仔细地将写日记的方法和体会告诉了他，在周绍铭的辅导下，他很快掌握了写日记的方法和要求。据周绍铭回忆：他听了对写日记很感兴趣，便问我天天写日记该记些什么，还要看我写的日记。我对他说："日记一般是不给别人看的，日记写什么，我可以告诉你。"于是，我把写日记的方法和体会告诉了他，从此以后，我发现他书不离手，写字不间断，进步很快。

12月 与县委组织部干事李仲凡探讨《湖南农民运动考察报告》。①

12月 下雪天，县委机关前坪全部被雪覆盖，雷锋天没亮就来到县委机关，将前坪的积雪全部铲除干净。

12月 一天，下班以后，来到县委办干事钟光仁的宿舍，与钟光仁交流，表达自己想要加入青年团组织的强烈愿望。

注释：

①一天下班后，到宿舍找李仲凡，就《湖南农民运动考察报告》这篇文章展开讨论，他问李仲凡这篇文章是谁写的？知不知道文章里提到的长沙县新康镇（今长沙市望城区高塘岭街道）叫何迈泉的人是好人还是坏人？当时《毛泽东选集》发行不多，李仲凡没读过，自然答不出。此后，李仲凡在雷锋的启发下开始学习《毛泽东选集》。

12月　把床铺让给外地来办事的同志。①

12月　机关团支部为了培养他，安排县委办公室干事解国良找他谈心谈话，几天后，雷锋就向团支部递交了入团申请书。

12月　找黄菊芳谈心汇报思想。②

注释：

①一天，黑龙江某省直单位搞外调的两位同志，搭长沙到望城的最后一班船来到望城县委招待所登记住宿，可是所里床位早已住满，实在无法安排，天晚又冷，两位客人冻得直发抖。雷锋了解情况后，毫不犹豫地将自己的床位让给了两位客人，还将自己晚上值班穿的军棉大衣加盖在客人的被子上，而他自己就在食堂边的两条长木板凳上将就一晚。

②据黄菊芳回忆：雷锋严格要求自己，思想等各方面进步很快。有次他主动找到我，说向组织汇报思想，他将思想拆解，说"思"就是思念毛主席，"想"就是想争取入党，并询问入党需要哪些条件。我告诉他要先创造条件加入青年团组织，要积极工作，努力学习马列主义、毛泽东思想，提高政治思想觉悟，密切联系群众，创造更好的条件再争取入党。

12月　向县委农村部干事李炳生请教入党的基本条件。①

12月　交通班的同志都配备了手枪，雷锋和张建文想知道枪的构造和原理，就把枪拆卸开了，结果装了很久却无法复原，经过一个上午的研究，终于将枪支复原。

注释：

①据李炳生回忆：雷锋见我成为一名新党员，就询问我作为一名新党员，要具备些什么条件。我帮他找到一本胡乔木著的《怎样做一个新党员》，他读后懂得了许多道理，认为始终应将革命利益放在第一位。他还爱读书，比如《怎样做一个青年团员》《怎样做一个共产党员》《刘胡兰》《董存瑞》《黄继光》《把一切献给党》《钢铁是怎样炼成的》等。

● 雷锋作品（1956）

雷锋在荷叶坝完全小学毕业典礼上的发言
（1956年7月15日）

亲爱的老师、同学们：

我们小学毕业基本教育受完了，大家很高兴。感谢党、毛主席和老师。我们今天毕业真高兴，大家比我更高兴，能升入高一级学校学更多知识，更好地建设祖国。我响应党的号召去当新式农民——做个好农民，驾起拖拉机，耕耘祖国大地；将来要做个好工人建设祖国；将来要做个好战士，拿起枪用生命和鲜血保卫祖国，做人类英雄。

同学们，让我们在不同工作的岗位上竞赛吧！老师们，你们看我的行动吧！我一定要做个英雄，祝老师健康……

1957 年
— 十七岁 —

1月1日 头戴青色呢帽，身穿蓝色列宁装，胸前佩戴着圆形白底红字的"中共望城县委员会"徽章，拍了一张半身照。

1月4日 赠送给张兴玉夫人郑桂先一张照片，并在照片的背面留言：**赠给老郑同志留念。**

★ 雷锋佩戴过的徽章

1月上旬 进县委机关开办的干部业余文化补习学校初中班学习，顺利完成初中学业。①

1月上旬 将一本刊物内页里的《国际歌》的歌词和简谱抄写在学习本上。

1月11日 填写入团志愿书。

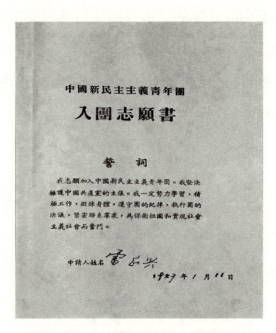

★ 雷锋填写的入团志愿书

注释：

①干部业余文化补习学校设有语文、政治、数学三门课程，晚上教学，只对在职国家干部开放。雷锋属职工编制，不符合入学条件，他向张兴玉请求前往学习，张兴玉破例允许。他入学后，认真学习，成为班上优秀学员之一。

2 月 8 日 经县委机关团支部批准，加入了中国新民主主义青年团，入团介绍人是县委办公室干事钟光仁、谭以新。

2 月 18 日 张兴玉赴北京出席全国首届农业劳动模范会议，雷锋挑着张兴玉的行李去长沙火车站送行，快到望城码头时，扁担断了，他在码头船工王义德家借了根竹扁担。张兴玉交代他及时归还扁担，给他讲了"三大纪律八项注意"，他从长沙火车站回望城后，第一件事就是把这根扁担还给王义德。

2 月 被评为望城县"建设社会主义青年积极分子"，出席了团县委召开的全县第一届建设社会主义青年积极分子大会，并在小组讨论会上发言：我要努力工作，为社会主义多作贡献，争取早日加入中国共产党。

2 月 入团后想改个单名，征求张兴玉的意见，张兴玉建议用山峰的"峰"，寓意勇攀高峰，他将"雷峰"两个字记在笔记本上。

3 月 帮助办公室文书黄超刻印、装订资料，发现字迹模糊的地方，就一笔一画地填写清楚。

3 月 组织上发现他滋生了沾沾自喜、骄傲自满的情绪，决定派黄菊芳找他谈话。黄菊芳与他谈话后，他意识到了自己的不足并及时改正。

4月1日　帮患重感冒的县委副书记黄洪全拿药。①

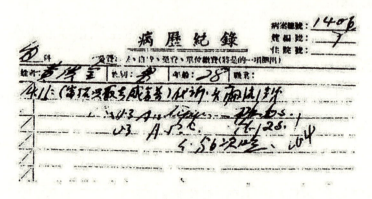

★ 雷锋代望城县委副书记黄洪全拿药的病历记录

注释：

①黄洪全因患重感冒不能去上班，独自一人睡在宿舍床铺上，雷锋送开水时发觉黄洪全有些发烧，急忙去医务室代为看病取药，照顾黄洪全服完药才去忙别的工作，后来又帮黄洪全打扫卫生、料理家务。在黄洪全的病历本上，药剂员写下了"雷振（正）兴取去感冒药，代诉头痛流清涕"的记录。

4月 张兴玉的夫人郑桂先托雷锋去商店给小孩买帽子，交给他一张5元的钞票，到商店后他发现郑桂先给的钞票是两张5元的，回来他就把剩下的5元钱还给了郑桂先。

5月 受张兴玉教育启发，要做一颗永不生锈的螺丝钉。[①]

5月下旬 详细询问冯健出席青年团第三次全国代表大会受到毛主席接见的情景，对冯健说：**我做梦都想见毛主席。**

注释：

———————————————————————————

①据县委办公室干事易正昌回忆：我和张兴玉、雷锋去胜利农业社检查工作后返回时，在离县委机关约两三百米远的斜坡砂石路段，雷锋感觉脚下被什么东西绊了一下，低头一看，原来是一颗生了锈的螺丝钉，便一脚踢到路边草丛中。张兴玉却一声不响，将螺丝钉捡起来放进上衣口袋。几天后，张兴玉让雷锋去县机械厂办事，同时交代他将螺丝钉带去交给县机械厂，并告诉他要物尽其用、勤俭节约，这虽是一颗小小的螺丝钉，但机器上少了它却不行，在国家大事上，个人就像这螺丝钉一样，缺了谁都不行，每个人都要自觉发挥螺丝钉作用。

6月　和冯健一起制订学习计划，到商店里买了笔记本，把不认识的字、不懂的词句以及学习心得写在上面，互帮互学。

6月　阅读《可爱的中国》《把一切献给党》《钢铁是怎样炼成的》等书。

6月　与张兴玉等人到大湖乡西塘高级农业社办点，向社长吴吟钦请教农业技术，与冯健交流学习心得。

6月　请县委统计科干事胡庆云教他学习使用手摇式计算机。

6月　参加县委机关开荒种地。①

注释：

①机关生活比较辛苦，为了办好机关食堂，改善生活，干部职工都自觉劳动，开垦荒地、种菜、养猪。在开荒过程中，大家干劲十足，雷锋也参加了开荒，他劳动时经常哼唱《南泥湾》，认为现在组织干部、职工开荒种菜，也像南泥湾搞大生产一样，这种艰苦奋斗精神是传家宝，要好好发扬。

7 月 7 日 帮助怀孕待产同事陈杰紧急寻找医生。[1]

7 月 20 日 身穿印有"锻炼"二字的白短袖衣和白色运动裤照了一张全身照。

7 月 与张兴玉、冯乐群在西塘高级农业社蹲点时，了解到第九生产队社员刘少先家人多劳力少，生活困难，想养猪又没本钱买猪崽，张兴玉与冯乐群商量捐款给刘少先家买猪崽。雷锋主动提出凑一份，最后三人一起凑了 33 元钱，帮刘少先家买了 1 头大猪和 3 头小猪。

7 月 洪水冲垮了沩水河畔一位老大娘家的房屋，老大娘家临时搭个棚子住在大堤上，雷锋看到后将自己的蚊帐、饭碗送给了老大娘。

注释：
_____

①上午，怀孕的县妇联干部陈杰在室外晒被子，突然腹痛瘫软在地上。雷锋见到后立即搀扶陈杰回房休息，帮她倒茶、擦汗，把外面的被子晒好，又叫来机关医务室的柳大夫，经柳大夫检查，发现临产的陈杰胎位不正，柳大夫采取紧急措施，最终母子平安。

8月 提前打探情况，保障张兴玉安全。①

8月 在张兴玉的号召下，和全县 1000 多名青年团员一起，参加西塘高级农业社荒山开垦。

10月 与望城县委书记张兴玉、副书记赵阳城、黄洪全等领导在县委机关办公楼前合影。②

注释：

①一天，要陪同张兴玉去大湖乡开会，大湖乡挨近谷山，雷锋听说谷山有老虎出没，心想要是万一遇上老虎，后果不堪设想。为了确保张兴玉的安全，他凌晨三点便悄悄起床，去挨近谷山一带的地方走了一圈。他带着手枪，走了几十里小路，未发现什么异常情况才回到机关，这时已快六点钟。

②县委领导合影时，张兴玉看到雷锋在旁边，就招呼雷锋一起来合影。照片中，雷锋依偎在张兴玉身边，白衬衣领子翻到外套外面，上衣口袋还别着钢笔。雷锋牺牲后，在整理他的遗物时，发现他的照片有的夹在本子里，有的放在纸盒里，有的装在信袋里，唯独这一张8寸大小的与县委领导的合影，单独镶在一个精致的镜框里，用一条红领巾包裹着。

10 月 接待来县委组织部报到的新同事黄明德。

11 月上旬 多次申请参加治理沩水工程建设①，县委领导最终同意了他的请求。

11 月 20 日 治沩工程正式动工。

11 月 在望城丽杰照相馆拍下一张半身照。

★ 雷锋和中共望城县委机关部分领导的合影，前排右一为雷锋

注释：

① 10 月 25 日，中共望城县委、望城县人民委员会作出关于彻底整治沩水尾间洪道及围垦团山湖的决定，将八曲河改道南移至三叉河，汇入沩水新道注入湘江。成立治沩工程总指挥部，由张兴玉任政委，赵阳城任总指挥长，指挥部设杲山庙，下辖 11 个施工大队。治沩工程共调集了 467 名干部和 1.84 万名民工。

11月下旬　到治沩工程指挥部报到，兼任治沩工程总指挥长的赵阳城①安排他在指挥部当通讯员。

★　雷锋与治沩工程指挥部领导的合影，前排左一为雷锋，前排左二为赵阳城

注释：

①赵阳城（1928—2015），男，1928年4月生，河北井陉县人，1956年至1959年2月任望城县委副书记。后历任望城县委书记，长沙县委第一书记，长沙市委副书记，韶山地委书记，韶山管理局党委书记、局长，郴州地委书记，省人大常委会副秘书长，省人大民族华侨委主任等职，2015年6月18日逝世。赵阳城担任治沩工程指挥部总指挥长时，雷锋是他身边的通讯员，雷锋到鞍钢工作以后，他们仍有书信来往，是对雷锋影响较深的人之一。

11 月下旬 掉进八曲河，被赵阳城救起。[①]

12 月 在完成通讯任务的同时，还利用步行之便，检查修堤的工程质量，成为治沩工程编外的质检员。

12 月 和治沩工程指挥部的同志们参与开挖新康乡泄洪堤口的建设。

注释：

①据 1960 年 11 月 5 日雷锋在沈阳师范学院的报告中回忆：一个下雨的晚上，我和赵书记从工地开会回指挥部，赵书记把雨衣披在我身上，我走到一个桥上，一下不小心掉进了八曲河里（河有 3 丈多宽，水深八九尺，河岸高 1 丈）。赵书记立即跳到河里，把我救了上来，我的右腿摔伤，赵书记把我背回指挥部。第二天又把我送到县医院，还在百忙中抽出时间来看望我，送给我苹果、橘子，我住了一星期的院就好了。……

12月 治沩工程指挥部只有一台手摇电话，经常打不通，雷锋作为通讯员，经常在寒冷的冬天步行10余公里将指挥部的文件、通知、报纸等按时送达到各大队。

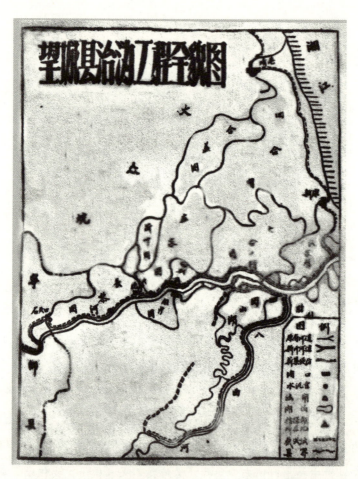

★ 望城县治沩工程全貌图

12月　主动将每期的《治沩工地报》①带到农业社，并读给社员们听，被大家称为工地报的编外"三员"（发行员、报送员、读报员）。

12月　用路边姜煮青壳鸭蛋给赵阳城治感冒。②

注释：

①《治沩工地报》为八开油印版面小报，由彭正元、熊春祜和刘大瑾三人担任编辑，彭正元负责刻印，熊春祜负责采访，刘大瑾担任责编。

②赵阳城患重感冒，整天昏沉无力。雷锋听熊春祜说路边姜煮青壳鸭蛋有效，马上到附近寻找路边姜。因时值冬季，草木凋零，没有找到，想起严大娭毑懂这个药方子，说不定她家有。他马上跑到严大娭毑家，找到了一大把干路边姜，还捧来了三个大青壳鸭蛋。他将路边姜和鸭蛋送进厨房，请李师傅帮忙煮好，送去给赵阳城喝下，再帮其盖上大被子发汗。连续服用几天路边姜煮鸭蛋后，赵阳城身体很快康复。

12月　下大队时，路经陈大娭毑家，得知她无儿无女，得了感冒，头痛发热，无人照料。便立即帮她买了一些消炎镇痛药，买药的两元钱还是找刘大瑾借的，后来他发了工资马上将两元钱还给了刘大瑾。

12月　一天傍晚，在治沩工地参加整天劳动后，回到指挥部主动代替值班员值班，在电话机旁守了一夜。

12月　连续几天暴雨，河水上涨，大堤工地出现险情，危及防汛物资安全。雷锋在指挥部值班，见情况危急，给指挥部的女同志留下一张便条后，便冒雨赶往抢险地段。和抢险的同志们一起投入紧张的战斗，直到险情排除，他才与大家一起回到指挥部休息。

12月 用自创花鼓调给民工们唱《儿要治沩娘也忙》。①

12月 做闹事村民的思想工作。②

注释:

①《治沩工地报》编辑、农民作家熊春祜创作了一首山歌《儿要治沩娘也忙》:月儿弯弯照屋檐,娘在房中把线穿。油灯一盏燃过了,儿要治沩娘也忙。娘老做鞋眼发花,几次起身拨灯花。鞋底纳的胡椒眼,面上镶的滚筒边。儿哎,娘为你治沩不贪眠……雷锋很喜欢这首山歌,将其抄在笔记本上,并熟记于心。他为工地送通知时给民工们朗诵,大家纷纷鼓掌,要求他用唱的形式来表达这首山歌,于是他到处拜师请教,用望城当地地花鼓的调子反复吟唱,后来他给民工们唱了这首山歌,大家也跟着他一起哼唱,这首山歌就这样在工地上传唱开来。

②一天,因认为治沩工程建设破坏了自家风水,二三十个当地村民到指挥部闹事、阻工。其他干部下工地还没有回来,雷锋就主动做起村民们的思想工作。他从过去沩水泛滥给人民群众带来的灾难,讲到大家熟悉的十婆桥的故事,再讲到根治沩水河后的美好前景。历数旧社会自己一家苦难的家史,歌颂新中国成立后共产党的恩情,指出大家无理取闹的错误。最终这些村民被他所讲的道理折服,纷纷散去。

12月 在笔记本上写下了短诗《以革命的名义》：以革命的名义，想想过去；以革命的精神，对待现在；以革命的志气，创造未来。

12月下旬 晚上7点多，接省里下达寒潮预警：当晚12点左右，有七八级大风暴，气温将降至零下5摄氏度左右。总指挥部召开紧急会议，分别给各大队电话传达，可第八大队、第九大队电话一直都没有打通。总指挥部离两个大队有七八里路，雷锋知道情况后马上步行赶往第八大队、第九大队。收到他的通知后，两个大队及时对工棚进行了检修，避免了风暴来临可能造成的事故。

12月下旬 治沩工程进入攻坚阶段，工地上开展劳动竞赛，规定每个人要完成挑三方土的任务，雷锋白天挑三方土上大堤，晚上在指挥部负责电话值守、紧急送信等工作。

12月下旬　送信之余积极参加打硪劳动。①

本年　到县委机关工作以后，自费订阅了《中国青年》《人民文学》等杂志，还购买借阅了《唯物主义和经验批判主义》《可爱的中国》等书。

注释：

①据治沩工程九大队第四中队中队长李湘枚回忆：治沩工程指挥部设在杲山庙，工地首尾相距20余里，线路长，又是寒冬腊月，通讯员的工作本身就很辛苦，但雷锋还主动学习打硪。打硪是一项既要技术，又费体力的活，一般都是壮劳力参加。17岁的雷锋，个子小小的，围着石硪看了好久，非得要跟着学打硪，还跟他们一起唱起了打硪歌："来来来，打石硪，嗨呀嗬，八个人，要齐心，嗨呀嗬，抬得高，跌得紧，嗨呀嗬。"

本年　经常阅读革命英雄人物的故事。①

本年　在工作之余，喜欢打竹快板、吹口琴。

本年　朗诵自创诗歌《啄木鸟》②

★　雷锋用过的口琴

注释：

①据县委办机要秘书冯乐群回忆：雷锋经常阅读革命英雄人物的故事，望城是革命老区，以郭亮为代表的革命先烈，为人民解放事业英勇牺牲的事迹和精神，深深地影响着他的思想认识与精神追求。他还经常到新华书店找书看。这些书不仅有故事书，还有连环画。他在阅读时，会用点、圈、画的形式画重点，自己读完后还讲给机关其他同志听，他讲这些英雄人物故事时，能很自然地、有机地和毛主席著作中的道理联系起来。他一直珍藏着关于郭亮等革命先烈生平事迹的《不朽的战士——湖南革命烈士传略》一书。

②一天傍晚，和《治沩工地报》编辑刘大瑾从第五大队回指挥部，刘大瑾好奇地问雷锋："在鸟类中，你喜欢哪一种？"雷锋不假思索地说："我最喜欢啄木鸟。"随即雷锋朗诵了他自己写的一首诗《啄木鸟》。

● 雷锋作品（1957）

啄木鸟

（1957 年）

把自己当作啄木鸟吧！
用辛勤而艰苦的劳动，
为万木除病灭害，
使树长得挺拔参天。
绿化原野，
造福人类！

千万别把自己比作鹦鹉鸟啊！
成天只会学舌别人
为少数人——富豪们，权贵们，
赏心悦目，
对广大的劳苦大众，
不给一丁点儿什么，
不做些微贡献。

1958 年

— 十八岁 —

1月21日　《望城报》刊登了望城团县委发出的倡议，号召全县广大青少年积极行动起来，捐款购买拖拉机，建立望城青少年拖拉机站。雷锋积极响应，将自己积攒起来买棉絮的 20 元钱捐了出来，是全县青少年中捐款最多的人。[①]

1月　萌发作家梦。[②]

1月　在治沩工地创作了《小说短章》。

注释：

①据赵阳城回忆：为了购买拖拉机与建站，团县委发出了捐款的号召，县直机关干部和全县广大青少年积极响应，雷锋更是不甘落后。听到号召之后，马上就把自己积攒的 20 元钱，一分不留地拿了出来，送到机关团支部。平时他最节俭，舍不得吃好的，舍不得穿好的，把余钱一分一分地积起来。在捐款时，他的钱还是用一块布包着的，里面有分币，有角票。他积这些钱，本来是想买床棉絮的，当时他盖的旧棉絮不暖和。雷锋在一次报告中也回忆道："在 1958 年，我们的团县委发出号召，号召全县青少年积极捐献资金，建立望城

县第一个青少年拖拉机站，我听到这个消息感到特别高兴，我想这个拖拉机，我在学校念书的时候也学过，拖拉机犁地犁得快、好、功效高，但是我从来没有看到过拖拉机，现在说要建立拖拉机站了，我就想拖拉机站很快建立就好，那时候我在机关工作……"

②据县委组织部干事彭正元回忆：一天傍晚，雷锋与我在新修的沩水大堤上散步，看到治沩工程的巨大成就，他倍感振奋，对我说："如果你我能将人民群众改天换地的斗争，用文艺形式表现出来，那该多有意思啊！老彭，我想当作家！"我对他说："那很好啊，不过，当作家可不简单，要有文化，有生活积累！"雷锋充满信心地回答："这我知道，当作家是很不简单的，要写出好的作品是要付出很多心血的，今后我要朝这个方向努力奋斗！"

2月10日　治沩工程全面竣工。[①]

①从 1957 年秋天到 1958 年初春，经过四个月的战斗，治沩工程胜利竣工。工程由国家投资 105 万元，群众投工 134.4 万个。新筑大堤 13.4 公里，改造后的河堤由原来的 122 公里缩短拉直为 41.8 公里，消除隐患 337 处，险滩 7 处，新开挖河道 28 公里，新建水闸 3 座。工程完成后，共扩大耕地面积 14300 亩，减少浸渍面积 24200 亩，缩短防汛堤线 80 多公里，另外还有 60 多公里的废堤可以种植经济和粮食作物，10 公里的哑河成了淡水鱼的养殖基地。

2 月 获得一件印有"治沩模范"字样的绒衣和一本封面印有"奖给治沩功臣模范"的笔记本。①

★ 雷锋穿过的印有"治沩模范"字样的绒衣

2 月 与治沩工程指挥部领导成员合影留念。

2 月 治沩工程结束后，回到县委机关，继续在张兴玉身边工作。

注释：

①工程竣工之时，在一线民工中评选出 149 名"治沩模范"，工程指挥部的工作人员都未曾参评。雷锋虽然表现优秀，但因为属于工程指挥部工作人员，也不在评选之列。"治沩模范"的奖品是一件写有"治沩模范"字样的卫生绒衣，还有一个笔记本。雷锋虽然没有参评，但奖品有剩余，领导决定给指挥部工作人员也发一份奖品作为纪念，因此，雷锋也领到了绒衣和笔记本。

2月　到望城丽杰照相馆拍下了一张全身照。①

注释:

①雷锋上身穿着藏青色春装，青色单帽斜戴在后脑勺上，露出一绺刘海，脖子上套着毛线围领，外面围着有条纹的毛线围巾，脚穿黑色大头皮鞋。上衣左口袋插着钢笔，胸前别着望城县委机关的圆形白底红字徽章，上有"中共望城县委员会"字样，右手握着一本杂志。

2月21日　申请参加围垦团山湖农场的建设。①

2月26日　下放到团山湖农场报到，再度入住呆山庙，被安排学开拖拉机。

2月　遇到从坪塘区供销社下放到团山湖农场的王佩玲，王佩玲向雷锋借了一本《刘胡兰小传》。

★ 围垦团山湖农场劳动场面

注释：

①国营望城县团山湖农场建立，围垦团山湖农场正式启动，农场场部设在呆山庙。望城县调各社劳力 400 余人，还动员下放国家职工（含干部）50 多名到农场劳动，所有人分成四个工区，雷锋不属于下放对象，但他再三申请，要求参加围垦团山湖农场的建设，张兴玉等县委领导同意了他的请求。

3月上旬　在团山湖农场参加拖拉机手培训。学开的拖拉机是新购置的"德特-54"型拖拉机，雷锋拜随车来的机手陈师傅为师。

3月10日　从团山湖新田组下田，正式独自试开拖拉机犁田，成为望城县第一批拖拉机手。

同日　创作散文《我学会开拖拉机了》。[①]

注释：

①晚饭后，雷锋在熊春祜的指导下，把自己学习开拖拉机的心得和成功的喜悦，写成一篇题为"我学会开拖拉机了"的散文。夜里十二点多，他将写完的稿子送给熊春祜看，熊春祜夸他写得不错。第二天，熊春祜到县城将稿子带到了《望城报》编辑部，交给编辑刘国维，刘国维看完后表示，稿子完全够资格发表。

　　3月13日　将一本新日记本和一张照片赠送给农场好友王佩玲，并在日记本扉页上写下：王佩玲同志，你是党的忠实女儿，愿你的青春像鲜花一样，在祖国的土地上发散着芬芳！伟大的理想产生于伟大的毅力。请你记住这两句话，在平凡的工作上祝你成为一个真正的战士。

★ 雷锋在赠给王佩玲的日记本和照片上写下的赠言

3月16日　《我学会开拖拉机了》发表在《望城报》上，这是雷锋公开发表的第一篇文章。

★ 雷锋在《望城报》发表散文《我学会开拖拉机了》

3月22日 获得团县委颁发的捐款纪念证书。证书上写着：雷正兴同志，为建立望城青少年拖拉机站积极地开展了增产节约，勤俭办一切事业，热情的捐献人民币贰拾0元0角0分正，特发予此证，以资纪念。

★ 共青团望城县委颁发给雷锋的捐款纪念证书

4月 在围垦团山湖农场的劳动中，创作诗歌《人定胜天》：人定胜天是真话，鼓足干劲力量大。多快好省齐向前，决心要把英美赶。

4月　团山湖农场刚建立时，买了大小两匹黄马，雷锋向看马大爷请教，学会了骑马，在他主动要求下，场部领导把农场传递通知和信件的任务交给了他。

4月　在坪塘围子下面牵马吃草时，遇到了放牛的卞志洪，和其成为朋友，经常将自己的早餐馒头分给卞志洪吃。

4月　想办法解决拖拉机故障。①

注释：

———————————————————————————

①一天，雷锋发现拖拉机气缸垫烧坏了，但备件已用完，到县城也没买到零配件。他跑了5里路到县城请来会刻字的李师傅，用一块厚5毫米的长铜片，请李师傅照着一块满是大洞小孔的样品用铜片刻凿。李师傅按要求刻出一块新气缸垫，由此解决了拖拉机的故障。

4 月　熟练掌握拖拉机驾驶规则。^①

4 月　用"标杆插泥"^②的方法避免拖拉机陷入沼泽地带，加快垦荒进度。

注释：

①据团山湖农场办公室干部方湘林回忆：有次在职工工间休息时，我看到雷锋正在看书，拿过来一看才知是他的日记本，这个日记本上印着"奖给治沩功臣模范"，中间有工农兵浮雕像，下面还有一行小字："望城县治沩工程指挥部，1957 年 12 月。"里面记载着政治与技术方面的内容，如下放干部总结评比大会记录，雷锋在大会上的发言提纲、拖拉机性能、拖拉机驾驶规则等。雷锋请我考他是否记得日记本中记的拖拉机驾驶规则。我发现他对 15 条驾驶规则记得清清楚楚，能一字不差地背出来，他还说要进一步掌握理论知识成为开拖拉机的内行，争当一个红透专深的无产阶级先锋战士。

②第三工区的荒地大部分是八曲河故道，地形复杂，有许多沼泽地，拖拉机常常陷于泥沼中，需要众人合力才能将拖拉机抬出，影响垦荒的进度。雷锋摸索出办法：用竹竿或木条制作标杆，标杆一般是 2 米左右，中间标记刻度。每开垦一片新荒，就用标杆来测量深浅，遇到淤泥较深的地方，就用标杆插上做好标记，开拖拉机的时候就绕道而行，大大减少了拖拉机陷入沼泽地的事情发生。

4月 洪水来临时，将拖拉机转移至高地，并守候在拖拉机旁。①

4月 一次山洪暴发，河水暴涨，篦子塘的涵管穿了，河水灌进团山湖大垸。专门堵涵管的技术队还没到，雷锋和工友周树生跳进水中，在涵管旁打桩，做堵涵管的准备工作。待技术队赶过来后，大家一起合力堵住了涵管，将险情排除。

4月下旬 作为下放干部，在劳动和学习中表现都很出色，在农场干部会上，多次受到领导表扬。

5月4日 写下散文《幸福》。

注释：

①一天下班后，因计划要加夜班，雷锋将拖拉机停在团山湖的金刚塘。不一会儿，有人大喊：停放拖拉机的场地要进水了。他听到后，马上朝停放拖拉机的场地跑去，只见洪水已经漫到了车轮边，他跳上拖拉机，将拖拉机及农具都拉到呆山庙前的高地上。吃完晚饭后，他发现水位继续上涨，于是提上马灯去守护拖拉机。谁知通向高地的道路被淹没了，无法辨认道路，他灵机一动，从场部搬出一个扮桶，又找到一根竹竿，将扮桶当船用，撑到高地拖拉机处，见拖拉机完好无损，这才放下心来。守到半夜，洪水渐渐退去，他才放心离开。

5 月中旬　与同事们一起转运甘蔗苗，避免农场财产损失。①

5 月 12 日　决堤后带领大家迅速撤退。②

注释：

①望城持续降雨，湘江、沩水河水位一直在警戒线之上。一天晚上，沩水受到八曲河与湘江两处洪水的夹击，水位迅速上涨，堆放在十婆桥附近河滩上的甘蔗苗即将被洪水吞没。农场场长李庆发命令团山湖农场民兵队副队长李湘枚带队，以最快的速度将甘蔗苗转移到安全地带。雷锋带着三工区四十名职工过来支援，他一边鼓舞士气，一边和大家一起运送甘蔗苗，直到晚上十一点多钟，终于将甘蔗苗全部转移到大堤上。

②县防汛指挥部通知，晚上会有更大的洪峰，要各坑做好防汛的准备，雷锋将拖拉机与农具安顿到高地后又立即赶回来防汛。大概半夜一点多时，大堤裂开了口子，农场场长李庆发大喊撤退，大堤在李庆发与雷锋之间裂开，堤身被分为东西两段，东边是李庆发带着部分职工，西边是雷锋带着部分职工，水将东西两段分隔得越来越远。雷锋这边有五十多人，有很多人来自山区，见了洪水很紧张。他一边安慰大家，一边带领大家向后撤退。当他们跑了几公里路时，发现前面大堤上的子堤被洪水冲垮了，切断了道路。他们陷入进退两难的地段，只能等待船只救援，大家都很紧张。雷锋在大堤四周察看一番后，告诉大家堤身所受的压力相等，这段大堤暂时不会坍塌的，大家听说后才安下心来，等天亮时，指挥部派人将他们救了出来。

5月 一次，发现一位防汛的农民没带饭，雷锋将自己的饭让给他吃。

5月 拖拉机手每天要加班4至5个小时，劳动量大，为了改善机手的生活，农场领导给机手们配置优待餐，每餐增加一点荤菜。雷锋总是推辞，很少吃优待餐。

5月 在开拖拉机之余，向团山湖农场三工区第三生产组组长莫慎之学习犁田技术。

5月 写下诗歌《我的感想》：

毛主席啊像父亲，

毛主席思想像太阳。

父亲时刻关怀我，

太阳培育我成长。

5月下旬 在团山湖农场场部召开的总结评比会上，被提名为先进，并被推选为全县下放干部先进生产者候选人。

6月6日 被评为全县下放干部先进生产者。上午9点左右，在县委大礼堂举行的望城县下放干部总结表彰大会上作为代表在会上发言。

6月　向县委组织部干事彭正元请教如何写日记。①

注释：

①彭正元告诉他写日记要将一天中有突出意义的事，选择一两件把它记好，记事时，要写自己的感受与见解，或练习写景物，逐步提高自己的写作水平。据彭正元回忆：有天下午，我路过机关与雷锋相遇，他向我请教日记怎么写，我告诉他日记不要记流水账，要记一天中有突出意义的事，写自己的感受和见解。后来，雷锋付诸实际行动，每天坚持写日记，抽时间阅读各种文艺书籍，试着写一些文艺作品，写好后还经常拿给彭正元指导。彭正元夸他文笔生动，想象力丰富，彭正元的鼓励给了他莫大的信心。

6月7日 写下短文《你带来了什么》（即《雷锋七问》）。①

★ 雷锋在团山湖农场工作时写下的短文《你带来了什么》手稿

注释：

①《望城报》请雷锋为《青年论坛》栏目写一篇文章，他在红格稿纸上写了一段话，标题为《你带来了什么》，因没有写成完整的文章，故未给报社寄去，将其夹在《不朽的战士——湖南革命烈士传略》的书页里。

6月 创作了一首仿古体诗歌《排渍忙》：

垄中清水似汪洋，

英雄排渍日夜忙，

稻田绿遍水排尽，

活活气死老龙王。

6月 读完长篇小说《浮沉》以后，在日记中写道：……这本书给了我深刻的印象，通过沈浩如和简素华的恋爱故事教育了我。我认为简素华的那种坚强不屈的意志，那种高尚的共产主义风格，那种克服困难的决心和信心，那种艰苦朴素的工作作风，对群众那样的关怀，这位女同志是值得我学习的。沈浩如同志是一个有严重资产阶级意识的人，处处只为个人打算，怕吃苦，他那些可耻的行为，我坚决反对。

6月 给小凌写信：给你写信的此刻，已经是深夜1点钟，我刚上完晚班回家，今夜整整忙了四个钟点，我真是很疲倦了。我拧亮台灯，坐下来给你写信，疲倦就立刻飞去了。宿舍里的人都已入睡。窗外繁星满天，明亮的月光从外射了进来。在窗内还可以看到田野里成熟的高粱、玉米、稻谷在随风摆动，好像在向我点头，在向我微笑，它们都好像要陪我给你写信似的。我是多么愉快呀，真是高兴极了。……

7月　利用业余时间钻研写作技巧，写下有关文学创作的学习笔记《诗歌札记》。

8月1日　创作了一首65行长诗《南来的燕子》。

★ 诗歌《南来的燕子》手稿

8月　创作短篇小说《茵茵》。①

8月　创作诗歌《台湾》。

9月　创作叙事长诗《党救了我》。

9月　创作诗歌《歌颂领袖毛泽东》。

★ 短篇小说《茵茵》手稿

注释：

①小说《茵茵》讲述了一位治沩青年突击队队长、女共产党员茵茵为了保护集体财产身负重伤，但依然坚强乐观、热心奉献的故事。

9月 给商店补了购买橘子少算的九分钱。①

9月中旬 组织上保送冯健去湖南农学院（今湖南农业大学）读大学，雷锋专程到冯健家中话别，给冯健赠送了一支"英雄"牌钢笔作纪念，并表达了自己也想上大学的愿望。

10月 望城县掀起人民公社化运动高潮，国营团山湖农场撤销，并入由乌山、友仁、白马三个乡联合成立的五星人民公社。原团山湖农场场长李庆发调任该公社党委书记，雷锋到五星人民公社当通讯员。

注释：

①据五星人民公社总机电话员秦秀桃回忆：我和望城县农校的同学们在耕整试验田，正好雷锋路过这里，就跑过去帮忙。他挥起锄头，不一会儿就深翻了一大块地，比女同学们干半天还要多。大家悄悄凑了一角五分钱，买些橘子慰劳他，那时橘子才六分钱一斤，一角五分钱买了一大堆。大家刚开始吃，雷锋突然觉得不对劲，一角五分钱买不到这么多，他到店里一复秤，果然多了九分钱的橘子，他立即给商店补足了钱。

10月 写下小说《一个孤儿》①。

10月下旬 报名去鞍钢当工人，把名字改为"雷锋"。②

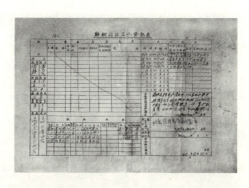

★ 雷锋填写的鞍钢招工登记表

注释：

①小说以自传体的形式，通过"相会、遭遇、新生、围垦、愿望、实现"六个章节，描写了孤儿李斌在党的关怀下重获新生，得到上学、工作的机会，并成长为拖拉机手的故事。

②鞍钢、武钢和湘钢相继来望城县招工，张建文得知消息后找到雷锋，将这个好消息告诉了他，他们商量后决定一起去报名。据张建文回忆：在去鞍钢报名前，雷锋说："最近，常在乌山、金山等地走，觉得山能登高望远，不会迷失方向，想改名叫'雷峰'，就是山峰的峰。"后来，雷锋又将改名的事报告给主持望城县委工作的赵阳城，赵阳城书记认为他去鞍钢当工人，钢、铁、铜、银都是金字旁，把"峰"改为金字旁的"锋"更好，寓意去鞍钢打冲锋。在鞍钢招工同志下发的招工登记表上，他将自己的名字第一次填写为"雷锋"。

10月31日 与县委机关全体工作人员一起合影留念。①

★ 雷锋与中共望城县委机关工作人员的合影，前排左二为雷锋

注释：

①张兴玉调任岳阳县委工作，临行前，考虑到雷锋将要去鞍钢工作，派人把雷锋从五星人民公社叫回县委机关，与县委机关全体工作人员合影留念。

同日 与张兴玉家人及县委机关部分工作人员合影。

11月1日 望城县人民委员会民政科开具了雷锋到鞍钢工作的介绍信。

同日 在五星人民公社总机室，与望城农校学生秦中华在笔记本上互赠留言，互相勉励。在笔记本上给秦中华写下两段临别赠言。①

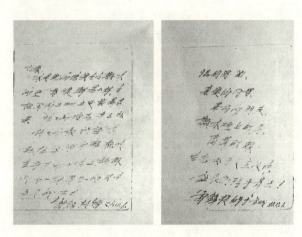

★ 雷锋写给秦中华的临别赠言

注释：

---

①赠言一：小秦，你是党的忠实女儿，愿你的青春像鲜花一样，在祖国的土地上散发芬芳，"伟大的理想产生于伟大的毅力"，请你记住这句话，祝你在平凡的工作上，锻炼成为一个真正的共产主义战士！

赠言二：亲爱的同学，革命的朋友，愿你跨上战马，高举战旗，在社会主义建设中，让我们携手前进！

11月2日　给在望城一中就读的谢迪安、吴强国、谢金兰等同学打电话，邀请他们到望城县委机关话别。

11月4日　中共望城县委办公室给雷锋开具了个人鉴定，湖南省人民医院为雷锋出具了体检合格检查记录。

★ 湖南省人民医院出具的体格检查记录表

11月5日 与张建文、樊明高一起专程去韶山瞻仰毛主席旧居。①

11月7日 回简家塘与家中亲人告别，看望了六叔祖父雷春华、堂叔雷明光及附近的亲戚，晚上，与雷春华、堂弟雷正球同睡一床。

同日 写下了去鞍钢当工人的《决心书》。

★ 雷锋写的《决心书》手稿

注释：

①据张建文回忆：我们一行三人从长沙搭轮船到湘潭，然后步行赶到韶山，在韶山晒谷坪稍作休息后，参观了毛主席旧居，雷锋在毛主席旧居前照了一张全身照作为纪念。我们当时留了邮寄地址，但不知道什么原因相片一直没有收到。

11月8日 与鞍钢来望城招工的同志一起到五星人民公社向党委书记李庆发辞行。当晚，他们在公社留宿。

11月9日 原团山湖农场的同事凑钱买了一口棕红色的皮箱，以团支部的名义赠送给雷锋作为纪念。

★ 团山湖农场同事送给雷锋的皮箱

同日 到五星人民公社秧田大队看望被划成右派的黄菊芳。

同日 到五星人民公社洪山大队向大队妇女干部聂建辉辞别，写下留言：今日百灵鸟飞去，不知何日相会，让我们在社会主义建设事业中，共同奋斗，携手前进。

同日 向王佩玲告别，收到王佩玲化名黄丽送的日记本和留言。①

同日 和从鞍钢来招工的同志离开五星人民公社，经徐家桥渡口回望城。

注释：

①王佩玲准备了一个崭新的日记本，送给雷锋做纪念，并在日记本扉页上留言：

亲如同胞的弟弟——小雷：（临别留念）

你勇敢聪明，有智慧，有前途，有远见，思想明朗，看问题全面，天真活泼，令人可爱。有外在的美和内在的美，对任何同志都抱着极其信任的态度……

弟弟，干劲和钻劲使你勇往直前，希望你在建设共产主义中把你的光和热发遍到全世界，让人们都知道你的名字，使人们都热爱你和敬佩你……

11月上旬　向五星人民公社党委递交了入党申请书。

11月12日　午后，带着一个半旧的蓝布行李包、伙伴们送的皮箱等行李来到望城码头，县委相关领导和同事、好友都来为他及同去参加鞍钢建设的青年送行。这些青年在长沙火车站会合后，乘当晚9点15分的列车出发前往鞍山。

同日　去鞍钢的六十多人被编为三个小组，雷锋被指定为第三组组长。走进站台后，他跑到车门口，清点三小组上车的人数，并帮大家往车上搬行李。路上，他和同去鞍钢的望城同乡杨必华认识了，一起讨论《不朽的战士》这本书中的郭亮烈士，还背诵了郭亮写给妻子的遗书。①

11月13日　上午8时，列车到达武昌站，需要换车，要停留七八个小时。雷锋与几位同乡参观了武汉长江大桥，在桥头拍留念照。

注释：

---

①郭亮（1901—1928），湖南望城人，无产阶级革命家、著名的工运领袖。1921年加入中国共产党。曾任湖北省委书记、湘鄂赣边特委书记。由于叛徒告密被捕，1928年3月29日在长沙英勇就义。牺牲前，给妻子李灿英留下一封遗书："灿英吾爱：亮东奔西走，无家无国，我事毕矣！望善抚吾儿，以继余志。此嘱。临死日　郭亮"。

11 月 14 日　列车到达北京，利用换车间隙，到天安门广场拍照留念。①

★ 雷锋在天安门广场的留影

注释：

①上午，去鞍钢的火车在北京换车时，又有几个小时停留，雷锋、易秀珍、张建文等几位同乡特意来到天安门广场，在天安门城楼前，雷锋拍了两张照片，一张手提着苇编提篮，另一张骑着摩托车。据易秀珍回忆：雷锋站在北京天安门的金水桥上，久久凝望天安门城楼上悬挂的毛主席巨幅画像，不愿离开，他边走边问执勤战士：毛主席住在天安门城楼吗？战士告诉他毛主席只有国庆节等重大活动时才登上天安门城楼，想见毛主席得当英雄当模范。离开北京坐在列车上时，他还想着执勤战士的话，并说一定要当上劳动模范，见到恩人毛主席。

11月15日 中午12点，到达鞍山站。

同日 下午到鞍钢报到。

11月16日 与新来的工友们一起参观了鞍钢。

同日 到鞍钢化工总厂俱乐部学习。

11月17日 鞍钢化工总厂洗煤车间北煤吊车组缺少一名推土机司机，组织上考虑到雷锋在团山湖农场开过拖拉机，决定让他去洗煤车间学开推土机。

11月28日 将在天安门前骑摩托车的照片寄给望城的秦中华，并在照片背面题字：**革命的朋友，伟大的友谊。**

11 月 在车间主任于明谦安排下，来到北煤吊车组，甲班值班主任白明利将他推荐给李长义，跟李师傅学开 C-80 推土机。在白明利的主持下，与师父李长义签订了为期一年的《师徒包教保学合同》。[①]

11 月 学习了全国劳动模范孟泰、全国先进生产者王崇伦的先进事迹后，表示要向孟泰、王崇伦学习，勤俭节约、艰苦奋斗，做一个"走在时间前面的人"，当上劳动模范，去见毛主席。

12 月 向白明利报名当民兵，后得到洗煤车间民兵组织的批准。

注释：

---

①后李长义因工作需要被调走，闫志升与雷锋签订了师徒合同，成为他的第二任师傅。

12月 以张建文的名义给张建文家寄钱。①

12月 当地银行储蓄员深入工厂动员工人积极参加储蓄，4元一个户头，雷锋一个人存了几个户头。

12月 认真学习推土机的维修与保养。②

注释：

①据张建文回忆：到鞍钢不久，我家里来信说母亲病重。当时没有积蓄，也就没有寄钱回家。但一个月后，我爱人来信说：寄回家的20元钱收到了。我很奇怪，自己明明没有寄钱回去，这20元钱哪里来的呢？我问了半天才打听出来，原来是雷锋听说后，以我的名义给我家里寄了20元钱。

②据鞍钢化工总厂工人解生宽回忆：我们修推土机时，他只要有时间就来学。本来他上白班时是下午四点下班的，他知道我们修推土机的工人五点才下班，他就在下班后来到我们这里，向我们学习推土机维修技术。他肯动脑、善于钻研、积极探讨，不放过任何学习机会。

12月 见同乡易秀珍远离家乡来到鞍钢，思乡情切，茶饭不思，就想办法开导。①

12月 关心同乡杨必华。②

注释：

①据易秀珍回忆：每逢我愁眉不展想家的时候，雷锋不是找我去玩，就是拿给我一些书看。我吃不惯高粱米，他就将厂里吃的大米饭用手绢包起来送给我吃。

②据杨必华回忆：东北的生活有些不习惯，开始连一个窝头也吃不下。有一次吃不下准备扔了，被雷锋看到，就从兜里掏出一张纸要我包上，带回宿舍吃。

12月 开导想回家的同乡张月棋。①

本年 在日记中写下工作计划：

一、保证克服一切困难，勤学苦练，早日学会技术。

二、保证破除迷信，大闹技术革命。

三、保证维护好机械，做到勤检查，勤注油；保证全年安全生产，不出机械和人身事故。

四、保证以冲天的革命干劲，以百战百胜的精神，苦干、实干、巧干，超额完成生产任务。

五、保证百分之百地参加学习和各种会议，以求得政治、文化、技术各方面的提高。

六、保证做好社会宣传工作，敢想、敢说、敢干，发挥一个共青团员应有的热能。

注释：

①来到化工厂的同乡张月棋，被分配到炼焦车间当测温工，整天烟熏火烤的，拿惯了绣花针的手初干这些活，心里老大不舒服，只想回家。雷锋听说后，积极予以开导。据张月棋回忆：有一次我和表哥吵完架回到宿舍，心里苦闷极了，真想自己去买张火车票一走了事。正在这时候，雷锋拿着《钢铁是怎样炼成的》来了，给我读主人公保尔说的几段话，我被他感动了，觉得他的工作比我的还累，都是年轻人，他能坚持下来，自己为什么就不能坚持下来呢！后来我情绪渐渐稳定，精神慢慢振作，再也不谈要回家的话题了。

● 雷锋作品（1958）

小说短章
（1958 年 1 月）

（一）

三月间，一个晴朗的日子，姑娘们你伴我、我叫她，成群结队地奔上山岗，到处寻找各种野菜。她们是多么快乐啊！

她们每个人都像飞出笼的鸟儿，嘻嘻哈哈地说说笑笑，打打闹闹，唱着自己编的山歌儿……

（二）

你看那晚冬的拂晓，白雪蒙地，寒气钻骨，干冷干冷的。在那宽阔的土地上，青年们响亮的歌声，冲破黎明的寂静。你看那青年男女，健美英俊，燕子一般，如涛似浪，干得热火朝天。还有一群青年们，无不欢欣鼓舞，到处哼唱着"千年的铁树开了花，万年的枯枝又发芽"，一片洪亮的歌声……

（三）

随着夜的降临，雨也下来了。开始是几颗雨星，渐渐增多，变大，一会儿就变成倾盆大雨了。天黑得伸手不见五指，两个人相对碰着鼻尖也难看清脸面。在这样滂沱的雨夜里，路上一个行人也没有，已是下半夜了……天晴了，雨后的早晨分外爽快，大地散发出潮润清凉的气息。太阳出来了，一层淡淡的朝霞，照耀着一片新生气象。而山根下的那条河流，冲着泥沙，后浪推着前浪，正在急急忙忙地向西奔流。……

我学会开拖拉机了
（1958年3月）

3月10日，是我永远不能忘记的日子！这天，我第一次学会了开拖拉机。心情是何等激动呵！

我7岁时父母双亡，变成了一个可怜的孤儿。那时，在国民党反动统治下，我只得给地主放牛，吃不饱，穿不暖，经常挨打挨骂，过着牛马一样的生活。

自从来了人民的救星——共产党，把我从火坑中拯救出来，送我上学，给我吃的穿的，把我培养成为一个有一定知识、觉悟的青年；使我于1956年投入革命的怀抱（在县委会当通讯员），并在1957年2月加入了自己光荣的组织——青年团。

今年1月底，团县委号召建立望城第一个青少年拖拉机站，接着又看见农学院的拖拉机来支援团山湖犁田，我多么想当一个拖拉机手！我就把节约下来准备做被子的20元钱，全部捐献了，只想拖拉机站马上建成就好！

这次，党批准我下乡当农民，我真是高兴极了。在 2 月 26 日，光荣地走上了劳动战线——到了团山湖农场，学习驾驶拖拉机。

当我第一次爬上拖拉机驾驶台学习的时候，我真高兴得要跳起来。我坐在驾驶员的身边，专心地看他们怎样操作，怎样转弯，怎样发动汽油机……老陈一面驾驶，还一面告诉我操作方法和各部分名称。我一点一滴都记在脑子里，并写在日记上。这几天，我总是睡不着觉，老是想着拖拉机，在床上翻来覆去，回忆着老陈的指教。只想不睡觉，起来又去学习就好，只想早一日学会，早日为祖国出一点力量。

学习了一个星期，懂得了一些操作方法和基本知识，老陈就要我试验驾驶。他真的让出坐位，站在一旁，指点我。我一坐上驾驶台，心跳得很快。生怕开不动，别人会讥笑；又怕没有力，拉不动方向盘；还怕刹不住车，就更糟。我的心情既是紧张，又是愉快，手脚都不由自主地颤抖起来。老陈对我说："不要怕，要放勇敢些！"这时我才把油门加大，把离合器向上一推，拖拉机嘎嘎地开动了。可是，拖拉机总不听我的指挥，走弯路。开了一会儿，我不怕了，心也不跳得那么厉害了，手脚也慢慢地不发抖了。这时，拖拉机也听我的使唤了。在这个时候，我的心情又是多么喜悦呀！我回头望望，看看那可爱肥沃的土地，很快地被犁翻了，仿佛看见一大片绿油油的可爱的庄稼。

"今天，真有很大的收获，过得真有意义。"下班以后，脑子里一个转又一个转地想着。吃饭的时候，还好像坐在拖拉机上似的，不停地摇晃着；拿起筷子，像握住拖拉机的方向杆一样，随手推动；两只脚像踏在"刹车"和"油门"上，自然地踏动着。我想，今天得到这样的幸福，不是党的培养教导，又哪里来呢！

我一定要以实际行动，来报答党对我的亲切关怀和照顾。一定努力钻研，勤学苦练，克服一切困难，忘我地工作，争取做望城的第一个优秀的拖拉机手。

幸　福
（1958年5月4日）

团山与杲山之间有一个大湖——团山湖，它纵横六七里，湖草丛生，……土地肥沃，……湖的周围在去年围起了一道新的大堤。那弯弯曲曲的八曲河，再不能穿过湖中间了，顺着新堤往下流，一个新的国营农场在荒洲上建立起来了，还有铁牛在荒地上奔驰着，有三百多勤劳勇敢的工人在歌唱今天的幸福！歌唱劳动的愉快！歌唱美好的将来。

……　……

在望城县下放干部总结表彰大会上的发言
（1958 年 6 月 6 日）

党委（领导）全体同志：

今天，我以万分高兴的心情来参加这次下放干部总结评比大会。通过赵书记的报告，以及小组讨论，更提高了我的社会主义觉悟，更鼓舞了我克服困难的决心和信心。

现在我代表国营团山湖农场的全体下放干部同志向你们致以热烈的祝贺。

同志们，由于你们愉快的响应了党的号召，下到了农村。在这短短的三个（月）当中，做出了许多惊人的成绩。例如这次我们评上了 94 名先进生产者。这是由于党的正确（领导）、大家的帮助，以及自己的努力所取得的优良成绩。我们希望你们这些先进生产者不傲不骄，先进在（再）先进，你们是下放干部的一面模范的旗帜，你们是火车头，希（望）你们团结广大群众共同携手前进。

亲爱的全体同志们：我也是这次下放到农场里的。然（原）先我是县委会的通讯员，我是一个孤儿，是完全吃党的乳汁长大的，几年来我经过党的不断教育和培养，使我投入了革命的怀抱，并在 57 年加入了光荣的组织——共青团。

…… ……

你带来了什么（雷锋七问）
（1958年6月7日）

如果你是一滴水，你是否滋润了一寸土地？

如果你是一线阳光，你是否照亮了一分黑暗？

如果你是一颗粮食，你是否哺育了有用的生命？

如果你是一颗最小的螺丝钉，你是否永远坚守着你生活的岗位上？

如果你要告诉我们什么思想，你是否在日夜宣扬那最美丽的理想？

你既然活着，你又是否为未来的人类的生活付出你的劳动，使世界一天天变得美丽？

我想问你，为未来带来了什么？在生活的仓库里，我们不应该只是无穷尽的支付（取）者。

诗 歌 札 记
（1958年7月）

一、诗歌包括：骚、铭、赋、民歌、古诗、绝诗、律诗、词、散曲。

二、民歌特点：语言淬炼，含义深远，内容丰富，押韵，易于上口，易于流传。

三、形式分为两种：

1.叙事诗；

2. 抒情诗。

这两种诗的区别：

（1）叙事诗是描写人物的动态现象。

（2）抒情诗是抒发作者的情感。

四、民歌文艺手法：

1. 对照：如：牛出力来牛吃草，东家吃米我吃糠。

2. 比喻：要说天，天最大，

我们的干劲比天大！

3. 夸张：孟姜女哭倒万里长城。

南来的燕子

（1958 年 8 月 1 日）

南来的燕子，

新来的候鸟，

从北方飞到了南方。

轻盈地掠过团山湖的上空，

闪着惊异的眼光。

我听清了呢喃的燕语，

像在问："为什么荒芜的团山湖，

今年改变了模样？"

南来的燕子啊！

让我告诉你吧，

团山湖这片未开垦的处女地，

是由于党的巨大的力量，

才围垦成一个新的农场。

是他们——农场的工人们，

用勤劳的双手，

给团山湖换上了新装。

南来的燕子啊！

也许母燕曾向你说过旧时的形象。

往日的团山湖——

湖草丛生，满目荒凉，

洪水一到，一片汪洋。

十年前有人三次收款，三饱私囊，

围垦团山湖只是一个梦想。

如今的团山湖啊——

良田万顷，满垄金黄，

微风吹过一片稻香。

新修的长堤像铁壁铜墙，

洪水已再不能逞凶逞狂。

红旗插在社会主义的农场，

到处是谷满仓、鱼满舱，

祖国又添了一个"鱼米之乡"。

南来的燕子啊！

你可不用惊呆。

不是晴天里响起了春雷，

而是拖拉机在隆隆地开；

不是沟渠里的水能倒流，

而是抽水机在把积水排。

为什么草坪上格外喧腾？

那是饲养员在牧马放牛！

南来的燕子啊！

你是这样轻快地飞翔，

许是欣赏这美丽的景象：

蜿蜒的八曲河像一条白银管，

灌溉这片肥沃的土地，

团山湖与乌山对峙，

是天生成的一幅屏障。

这景象是诗情也是画意，

活跃在这诗画般怀抱里的工人，

更是些生龙活虎般的健将。

有的是双手拿惯了锄头，

有的是才放下笔杆才放下枪。

他们豪迈地这样说：

这是一所新的国营农场，

也是一所露天工厂，

还是一个培养红透专深人才的学堂。

南来的燕子啊！

你不用再寻旧时代的屋梁，

无论你飞到哪里，

再也找不着你从前住过的地方。

去年这里是荒凉的地方，

今年变成了高大的厂房，

欢迎你到新的农场宿舍来拜访。

但得请你告诉我，

你可知道你所飞过的地方，

······ ······

新建了多少这样的农场？

茵 茵
（1958年）

严寒的冬天，地上落了深雪，河里结了厚冰，刺骨的冷风阵阵吹来，似乎不许人再工作似的。

但那勤劳勇敢的18000多名钢铁战士，不怕千辛万苦地和冰雪战斗。人山人海，挑土筑堤。那挑战的喊声，加油的口号声，打夯的号子声，还有小学生们来慰问时的鼓声，混合一起，响彻云霄。人们为了根治沩水，修筑长堤，忘记了寒冷和疲劳，甚至忘记了自己的生命。

茵茵就是这样的。提起这位年轻的女同志，人们都要感动得流下热泪。她是一个共产党员。她那结实的身体，勤劳的双手，还有那晒黑的脸儿，清秀的头发，活泼的眼睛，真使人敬慕。她穿着一件黄棉衣，脚上是草鞋。据说，黄棉衣是她哥哥从部队复员后送给她的，草鞋是她自己打的，打得很漂亮。

茵茵担任了治沩青年突击队的队长。那场暴雨之后，新堤突然决口了。茵茵领导青年突击队去完成堵口的任务。决口处有七八尺宽，水深过丈，流速很急，水上还漂着冰块，堵口任务十分艰巨。茵茵她们跳进冰冷的水里，打桩、投石、搭桥、挑土……水被堵在堤外，她们的衣服却都湿透了。回到工棚里，茵茵烧了一堆火，让大家围着取暖、烤衣服。茵茵忙前忙后的，没有顾得上烤火，只把衣服脱下来，搭在竹竿上想让风吹干。可是，第二天早起，她的衣服不仅没吹干，天冷反而结了冰，穿在身上还掉冰碴呢！茵茵不顾这些，穿上它又领着大家到堵口工地去战斗，终于完成了党交给青年突击队的任务。

茵茵今年只有19岁，既聪明又勇敢，什么困难都不怕，什么活都能干。

堵口任务完成后，又一连下了三天雨，堤内堤外全是水，不能在湖内取土筑堤了。工地指挥部党委采取了措施：调来了10部抽水机，日夜不停地抽出湖内的积水。就在这时候，一个看管抽水机的同志病了，不能坚持工作了。怎么办呢？领导上想到了茵茵，她是个初中毕业生，还学过内燃机，对机械原理和构造是熟悉的。于是，领导上决定调她去管理一段抽水机。茵茵愉快地接受了这个光荣的任务。

茵茵高高兴兴来到抽水机站，一连工作几天都很顺利。一天夜晚，她看到工地上的电灯、煤气灯，以及用竹子做的火把，把新修的长堤照得通亮，民工们好像在夜花园里工作一样。灯光亮，民工干活就安全了，进度也快了。茵茵高兴得随着抽水机声唱起歌来。她歌唱劳动的愉快，歌唱幸福的生活，歌唱美好的将来。茵茵唱着唱着，抽水机突然出了毛病，一条胶管不喷水了。她冷静地想到：抽水机没停转，一定是水管出了毛病。如果把机器停下来，就会影响整个工地的工作。她决定下水修理，立即脱掉棉衣，奋不顾身地跳进冰冷的水中，把堵在水管里的石块掏出来。坚持干了半个多钟头，水管终于又喷水了。

上了岸，茵茵冻得直打哆嗦。她穿上棉衣坐在机器旁，实在是疲倦了，瞌睡了。迷迷糊糊的，她手一动，不料被转动的皮带夹住了！她猛一惊醒，手夹在皮带里抽不出来，疼得她变了脸色，高呼："救命！救命！"

恰好这时有两个民工经过，听到呼救声，急忙跑进抽水机站，只见一位女同志倒在机器旁，一只手给皮带夹断了。皮带还在转动，茵茵的血染红了机器。两位民工不懂机械，不知拉断电闸，却手忙脚乱地用扁担打抽水机，想打停它救人。

茵茵挣扎着，痛苦地说："你们不要打机器，那是上万元钱买来的呀！"

两个民工问：那可怎么办？

茵茵坚强地说："拉我！"

两个民工咬着牙，终于把茵茵还连着部分血肉的手臂拉了出来。这时，茵茵已经痛得失去了知觉。

同志们赶来，把她送进了县医院。经医生十多天的细心治疗，她的断手伤势慢慢好了一些。指挥部党委书记亲自去看她好几次，安慰她、鼓励她。同志们也都非常关心她、体贴她，给她送去鸡蛋、水果……

茵茵十分感激党和同志们对她的关怀和照顾。她忍着伤痛，在病床上给大家写了这样一封信：

"亲爱的同志们，每当你们来看望我、安慰我时，给了我多么大的力量啊！我感谢同志们的关怀，感谢党给予我的温暖和鼓励。为工作受了一点伤，这算不了什么，你们不要为我分心。筑堤围湖是为了人民的幸福，我为它负点伤是光荣的。现在，我还没有牺牲，就是牺牲了也是光荣的。我还有一只手，我还能工作哩！还能为祖国的社会主义建设贡献一点力量。现在我在病床上坚持学习，我要努力做个又红又专的共产主义战士。等伤好了以后，再和你们见面，再和你们共同劳动。"

一个月后，茵茵治好了伤，回到新建的农场工作。领导上为了照顾她，让她回家休息两个月。可是，茵茵不肯休息。少了一只手不能干别的，她要求给农场饲养两头大黄牛。

她每天早起晚睡，精心饲养两头牛。一天傍晚，她牵着牛出去吃草回来，走到半路上，那头大黄牛突然停住脚步，随你怎么拉，它也不肯走。茵茵急了，眼看天要落雨，过路的人有的都脱下衣服盖在怕打湿的东西上。茵茵想：这只牛也是怕雨淋着吗？于是她脱下自己的上衣披在黄牛背上。天黑了，一阵大雨落了下来。这时，农场的小王跑来接茵茵。小王看见茵茵浑身给雨水打得透湿，黄牛背上却披着茵茵新做的蓝花衣裳，小王被感动得流下了热泪，立即脱下自己的上衣给茵茵穿上了。茵茵微笑着，牵着两头大黄牛在雨中慢慢地走着。小王在后面赶着那头不肯迈大步的牛。

回到场里，那头在路上不肯走的牛病了，倒在牛栏里。茵茵非常着急，急得她晚饭都忘了吃，跑到畜牧站叫来了兽医。兽医诊断后留下一些草药，说是不要紧。那天晚上，茵茵就守在病牛身边，抚摸它，侍候它，喂药给它吃。两天以后，大黄牛好了，茵茵也高兴得跳起来，虽然她熬红了眼睛。

茵茵除了喂好两头牛，在春耕大忙季节，还同大家一起用她仅有的一只手扯草、拾粪、插秧、种玉米……她真能干呀！

她还用科学方法种了一块试验田呢！她有很大的决心和信心，争取粮食丰收。农场的人都非常喜欢茵茵，大家说："今年秋收后，我们要送茵茵上北京。"

台　湾

（1958 年）

我不是个音乐家，我不会歌唱，
我也不是个作家，我更不会朗诵，
可是我的心正在燃烧，正在激荡！
它已长上了翅膀，到处飞翔，
越过那起伏的高山峻岭，
飞过那碧波万里的海洋，
飞向那遥远的地方。

台湾——
自古来就是我国的领土，
是我们最可爱的家乡。
那里有着无限的珍宝，
埋藏在那宽大的胸膛。
一片黑黝黝的森林呵，
可以盖上那成千万座高大的楼房；
遍地耸立着健壮的甘蔗，
制造出许多洁白的砂糖；
那鲜嫩的乌龙茶
称名于国际市场，
那盛产着菠萝香蕉的园林呵！

吐露着扑鼻的清香；

那一年两熟的蓬莱米呵！

做起饭来焦黄喷香；

煤呀、铁呀更是不可计量……

台湾人民世世代代、子子孙孙，

热爱生活，热爱自己的家乡。

党救了我（节选）
（1958年）

一九四四年的三十晚上，

没有月亮，无星光，

只听一声炮响，

鬼子进了我们桥头村庄。

它们像一群万恶的野兽，

抢走了粮食，夺走了猪羊，

烧毁了我们的房屋，

血洗了咱们的村庄。

我的父亲被日寇活活地打死，

我的兄长被机器活活地轧死，

我的弟弟被饿死，

我的母亲含恨被迫自杀。

…… ……

霹雳一声巨响！

东方升起了红太阳。

呵！伟大的中国共产党，

您把我拯救，

把我抚养，

把我送进工农子弟的学堂。

冬天区委陈书记买给我新棉衣，

夏天他买给我蚊帐和汗衫。

若我有一点小病，

陈书记的心啊，

一刻也不能安宁，

比失掉了双手、眼睛还心疼。

我戴上红领巾的那天，

他赠给我金星钢笔，

买给我果糖。

难忘的一九五六年最后一天，

我站在团旗下面，

举起了右手向团宣誓。

我念完了高小，

踏进了望城的县委机关，

我要好好工作、听党的话，

为祖国发出热和光。

歌颂领袖毛泽东
（1958 年 9 月）

河流奔腾向海洋，

海上升起了红太阳。

伟大的领袖毛泽东，

领导我们走向胜利和解放。

您领导我们生产建设，

把困难贫穷埋葬。

您领导我们战胜敌人，

把祖国变得繁荣富强。

一个孤儿（节选）
（1958 年 10 月）

听说李斌调来我们国营团山湖农场工作，我真是高兴极了。在小学里我和他是同学。因他也是一个可怜的孤儿，我很同情他，把他当做我的小弟弟看待。

相　会

……　……

为了今年农业大丰收，为了抓时间抢季节，我和拖拉机手老陈、老李、老温等一同驾驶着拖拉机到地里工作。……车轮没滚上几圈，好像又有人在喊：正兴哥，等一等；正兴哥，我就来了。我想这下可真的有人在喊我，一定没有听错。我停住车，立刻向四面张望，忽然看见前面有一个人挑着行李，头戴斗笠，打着赤脚。那人走路好像跳舞一样，摇摇晃晃的。我两眼直盯着那人，可是猜不出是谁？

我想着，那人是小李么？不，他在望城县委会工作了两年，党委对他那么的关心，再加上他年纪轻（17 岁），这样不好的天气不会要他来。我又想：他在县里工作了两年，一定买了伞和雨鞋，不会戴斗笠打赤脚，左猜右猜怎么也猜不着是谁。越走越近了，只离得 50 来步远，这下我才认清了，原来就是李斌。

…… ……

遭　　遇

…… ……

6 月间，胜利村一户姓李的最贫苦的农民逃难到了我们桥头村，住在破庙里。

我对这户人家十分了解：他家有 6 口人，有一个非常伶俐的小孩叫李小毛，那年才 4 岁，他会唱几句歌子："三岁伢子穿红鞋，摇摇摆摆进学堂，先生咧，莫打我，我回去吃点奶再来……"他帮妈妈捡柴啦、扫地啦，看到人就喊叔叔，他生得非常活泼可爱，只是营养不良瘦得很。

小毛有祖父、爸爸、妈妈，日本鬼子活埋的那个坚强不屈的青年就是他哥哥，为了不连累全家，他至死也没有叫爸爸妈妈。鬼子烧死的那三个1岁的小孩，其中有一个就是小毛的弟弟。他家穷得连一块瓦片也没有，住在那破庙里，就靠每天给人家做短工维持一家半饥半饱的生活。

1942年夏天，我们村子里遭到水灾，没有一家人叫他们做短工了。这样一来，生活过得更加痛苦，经常好几天见不到一粒米。他们只好在外面挖一些野菜、野草回来煮着吃。小毛全家人饿得前胸贴后脊梁。

…… ……

新　　生

1949年，来了人民的大救星——共产党，把小毛从火坑里拯救了出来。

第七区人民政府、党委陈书记，把小毛送到龙回塘小学校去读书。书本费陈书记帮小毛交了。陈书记还要小毛住到区人民政府里去，和干部们一起吃饭。冬天，陈书记还给小毛做了一套新棉衣棉裤。土改时，陈书记还分给小毛一件呢子外套，原先是大地主穿的。夏天，陈书记又给小毛买两套新汗衫新单裤。小毛真是感激不尽党的亲切关怀和照顾。

小毛在学校里读书，刘老师给他取了个名字叫李斌。小毛读书非常用功，又很热爱劳动，工作积极又主动，生活上很朴素，也肯帮助别人。他那圆圆的脸蛋儿，经常对人微笑着，那对活泼的眼睛，那结实的身体……真使人爱慕。

…… ……

围　垦

…… ……

1957 年冬天，党为了人民的幸福，使几千年来的洪水不再淹没人畜财产……就号召望城全县人民根治沩水河，围垦团山湖。这一号召，得到了全县人民的热烈拥护，共动员两万多民工、干部和自然灾害作坚决的斗争！

李斌也报名参加了这次伟大的水利建设工程。他还当上了青年夜间突击队的队长。他带领着 30 个队员战斗在最艰苦的地方！他们在工作中开动了脑筋，创造了"浪形挖土法"和"双钩倒土法"，提高了工效 6 倍多。每天每人平均挑到 19 方土。治沩工程指挥部奖给了他们一面很大的流动红旗。

…… ……

愿　望

顺着新堤往下走，一个新的国营农场在荒洲上建立起来了。工人们一面紧张地劳动，一面愉快地歌唱。牧童们赶着一群群的牛羊到山坡上去吃草，还有那可爱的铁牛在荒洲上奔驰。现在的稻谷、玉米……都成熟了，大家看到自己辛勤劳动换来的丰收，是多么的高兴啊！

今年1月底，团县委号召建立望城县第一个青少年拖拉机站。李斌多么想当一名拖拉机手啊！他把节约下来的准备做被子的20元钱全部捐献给拖拉机站。他只想拖拉机站能马上建立就好。他向党委写了6次申请书，表示了自己的决心，说出了自己的理想和愿望。

实　现

这次党委批准了李斌下乡当农民，他真是高兴极了！在2月26日光荣地走上了劳动战线——到了团山湖农场。

4月10日是他永远不能忘记的日子！这一天，他第一次学会了驾驶拖拉机。

他的心情是何等的激动啊！

当他第一次爬上拖拉机驾驶台的时候，他在上面好像高兴得要跳起来了。他坐在我的身边专心地看我怎样操作，怎样转弯，怎样发动汽油机……我一面驾驶，还一面告诉他操作方法和机器各部分名称。

……　……

决 心 书
（1958年11月7日）

我是一个孤儿，我7岁时，父母双亡，无人照管。自从来了人民的大救星——共产党，把我从火坑中拯救出来。

党给我吃的穿的，还送我读书，1956 年我已高小毕业。

几年来，由于党的不断教育和培养，使我从一个幼稚无知的孩子，成长为一个有一定知识、觉悟的共青团员。1956 年 11 月，党委把我调到望城县委会干警卫工作，保护首长。因工作需要，在今年又调我去农场学习驾驶拖拉机，经过 8 个多月的学习，现已成为了一个驾驶员。

根据国家形势的发展，钢铁生产占了目前的重要地位，我自己申请，经望城县委批准，我来鞍钢学习，我愿把我的青春献给祖国……服从组织的调配，到工厂后，我一定刻苦学习……克服一切困难，发挥一个共青团员的应有热能……为祖国人民过幸福生活而奋斗到底！

1959 年
— 十九岁 —

　　1月18日　化工总厂洗煤车间开展劳动竞赛，所在的门型吊车组被评为红旗组，全组成员拍了一张集体照作纪念。

★　鞍钢化工总厂门型吊车组师徒合影，后排左一为雷锋

2月7日（除夕） 带着一个笔记本、两瓶老白干到李长义家过年。

2月8日（农历正月初一） 新年第一天，与几个青年伙伴一起去给同事们拜年。

2月23日 所在的吊车组再一次被评为红旗组，与全组成员又拍了一张集体照。

2月24日 学会开推土机后，写了一篇文章《我学会开推土机了》。

2月 学会了踩高跷、扭秧歌。①

2月 创作诗歌《翻车机》。

3月28日 在入厂后不到四个月，提前完成了原签订一年的师徒合同项目，取得了安全操作允许证，证件上面印着"冶金工业部鞍山钢铁公司安全操作允许证"，证件编号4819号。

注释：

①据李长义回忆：车间组织了民间艺术高跷演出队，雷锋是南方人，不会扭东北秧歌，但他积极参加，认真学习，他装扮成小姑娘，梳上假辫子，围上红头巾，穿上花衣服，踩着一尺多高的高跷，欢快地扭了起来，他的表演博得许多群众的赞赏。

3月 在寄卖商店买了一件棕褐色的皮夹克、一条深蓝色的料子裤、一双黑色皮鞋、一块英纳格手表。①

春 参加洗煤车间办的职工夜校，成为夜校学员。因语文和作文水平明显高于一般学员，被学校安排兼任语文教员。

4月11日 所在的吊车组在第五高产周被评为红旗组，与全组成员再次拍了集体照。

注释：

① 据易秀珍回忆：有天下班遇到雷锋，他穿着补丁裤子旧胶鞋，我极力劝说他去买一身像样的衣服，过了几天，他就从鞍山市青年商店买回了一身衣服。据张建文回忆：有一天，雷锋喊我上街，说买衣服，我们逛了几个商店到了一个旧货门市部，看到这里挂着的皮夹克，就和新的一样。东北那个地方冷，很多人都穿皮夹克，既保暖又好看，雷锋就买了两件，给了我一件，我说啥也不要，我知道雷锋钱也不多，雷锋非要给我不可，说咱们是同乡，又是朋友，不分彼此。

★ 鞍钢化工总厂洗煤北甲吊车组合影，后排左二为雷锋

4月　炼焦工人王大修不慎将当月工资、粮票、饭票全丢失了，雷锋得知后在开饭时将王大修拉到食堂，发动伙伴们帮忙凑钱买饭票。他自己带头拿出10元钱和8斤粮票给王大修。

5月1日　与一同赴鞍钢学习培训的7位湖南工友，去鞍山市胜利公园游玩，还到照相馆拍了一张合影。

同日　去胜利公园游玩的路上，拾到一个牛皮纸工资袋，里面有40多块钱，雷锋和几位同乡主动想办法寻找失主，按照工资袋上的厂址，把工资袋交给了鞍钢第一炼钢厂办公室。

5月　鞍钢化工总厂以黑板报的形式向全厂公开表扬了雷锋与几位湖南青年拾金不昧的事迹，夸奖他们"毛主席故乡的青年觉悟高"。

★ 与湖南工友合影，后排左一为雷锋

8月中旬　鞍钢决定在辽阳市弓长岭铁矿建一座年产 30 万吨焦炭的焦化厂，需要从化工总厂调一批技术骨干和青年工人到弓长岭焦化厂，雷锋主动要求支援弓长岭建设。①

注释：

① 据化工总厂洗煤车间主任于明谦回忆：弓长岭建设工地在辽阳市安平人民公社姑嫂城生产大队的大峪山脚下，是刚刚从农民手里征用的土地，炼焦炉等设施刚打基础；工人住的是动迁时遗留下来的土民房，破旧不堪，四处透风，连女同志睡的都是大通铺。食堂是临时搭建的大席棚，吃水要到 2 里远的地方去挑。建设工地环境异常艰苦，大多数人畏难不愿去，可是雷锋知道后，几次到车间找我要求去支援弓长岭建设。雷锋在部队的一次报告中讲道：1959 年 8 月份，鞍钢要到辽阳修建一个工厂，当时我又向他那里写了决心书，要求去参加工厂建设，潘副厂长他不同意……当时我想到，这是党对我的照顾，对我的关心，我一定要去。……我再三地跟他讲，再三地请求，最后还是批准了我，我又离开了鞍钢到了辽阳参加建厂工作。

8 月中旬 去焦化厂前，与杨必华等几位同乡告别，送给杨必华一本吴运铎写的《把一切献给党》。

8 月中旬 将解生宽去北京出差买给他的《斯大林-80 拖拉机》和《德特-54 拖拉机的构造和使用》回赠给解生宽作纪念。

8 月中旬 去弓长岭矿山焦化厂工地前，将一件棉衣送给了工友石惠卿。

8 月 20 日 和 50 多名青年工人一起，来到辽阳市弓长岭焦化厂建设工地。

同日 为欢迎新工友的到来，焦化厂组织工人踩高跷，工友王玉坤绑上跷棍有些站不稳，雷锋看到，急忙放下行李，扶王玉坤坐下，自己绑上跷棍，跟着高跷队扭了起来。

8月24日　回鞍山市看望教他开推土机的第二任师傅闫志升，赠给闫志升一本纪念手册，并在手册上写下留言：

师徒感情万古长，

为国需要离鞍钢，

工作虽在两个地，

理想都是朝一方。

8月26日　在日记中写道：自从由鞍山转到弓长岭以来，自己就抱定决心：一定要很好地工作、学习，争取加入中国共产党。对各种学习任务都能认真完成；自学较好，每天早晨学习一小时，晚上总是要自学到深夜10至11点钟。早晨坚持做早操，没有违犯过纪律，都能按规定去做。今后，我应当继续加强组织纪律性，向违法乱纪做斗争，严守纪律，听从指挥，做好机器检查和保养，保证安全，消灭事故。努力学习政治，开展思想斗争和批评与自我批评，加强团结，虚心学习。

8 月下旬 工地住的宿舍是上下铺，住在上铺的人上下不太方便，雷锋找来两条旧扁担，用绳子绑了个小梯子，给大家上下铺用。

8 月下旬 参加焦化厂建设的工人有一千多人，用水要到两里之外的姑嫂城生产大队去挑，雷锋一有时间就去帮食堂挑水、干零活。

9 月 4 日 给化工总厂工友邹本国写信：……我们在不同的岗位上，要给祖国做出不同的成绩。……咱俩在不同的岗位上来一个叫号赛，看谁先争取加入共产党。希望你经常靠近组织，在同志之间搞好团结，把自己青春献给祖国。

9 月 29 日 作为列席代表参加"鞍山市青年社会主义建设积极分子大会"。

同日　去鞍山参会途中，在辽阳火车站换车时，发现一位抱着小孩的大嫂，把火车票弄丢了。他掏钱给大嫂买票，大嫂一再表示感谢，问他叫什么名字，他说：**我是鞍钢工人。**

9月　在鞍钢授奖大会上发言：**我这样一个孤苦伶仃的穷孩子，今天能够参加这样光荣的大会，心中感到十分光荣，万分感激党对我的教育和培养。我的一切都是党给我的。光荣应该归于培养教育我成长的党，应该归于热情帮助我进步的同志们。我懂得一朵花打扮不出春天来，只有百花齐放才能春色满园的道理，一花独秀不是春，百花齐放春满园。**

9月　经常利用节假日，到焦化厂附近的姑嫂城、松泉寺生产大队参加义务劳动。

9月　通过姑嫂城生产大队党支部书记曹德胜了解到吕长太家生活困难，便将一些旧衣物和鞋送给吕长太，并一度住在他家，和吕长太一家建立起了深厚的感情。

10 月 1 日　和工地工人一起做"跑驴"、骑"跑驴"，参加姑嫂城生产大队农民举行的工农联欢，庆祝新中国成立十周年。①

注释：

①据吕学广回忆：工农联欢会前，我还帮雷锋做过"跑驴"（中国北方地区传统民间舞蹈道具），雷锋用旧铁丝绑扎骨架，为绑扎这个骨架，我们还上山割条子。据曹德胜回忆：焦化厂的秧歌队来姑嫂城生产大队扭秧歌、跑旱船，敲锣打鼓，热闹极了。特别是雷锋，骑着"跑驴"扭得最活、最欢，给姑嫂城生产大队的老百姓留下了很深的印象。

10月18日 在矿山电影院听傅广烈[1]作报告。

10月19日 写下日记：昨天我听到一位从北京开积极分子代表大会回来的同志作报告。他说，毛主席在北京接见了他们，毛主席的身体很健康，对我们青年一代无比的关怀和爱护……当时我的心高兴得要蹦出来。我想，有一天我能和他一样，见到我日夜想念的毛主席该有多好，多幸福啊！可巧，我在昨天晚上做梦就梦见了毛主席。……我决心听党的话，听毛主席的话，永远忠于党，忠于毛主席，好好地学习，顽强地工作，为党和人民的事业贡献自己的一切，做一个毫无利己之心的人。我一定争取实现自己最美好的愿望，真正见到我们最伟大的领袖毛主席。

注释：

①傅广烈，弓长岭铁矿电铲司机，1959年被评为鞍山市劳动模范，受到毛主席接见。

10月25日　写下日记：青春啊！永远是美好的，可是真正的青春，只属于这些永远力争上游的人，永远忘我劳动的人，永远谦虚的人。

★ 雷锋日记手稿

10 月 参观弓长岭铁矿三道沟遗址。①

10 月下旬 参加青年突击队，改良和泥方法，光脚和泥建简易宿舍。②

注释：

①弓长岭铁矿焦化厂组织青年工人，利用休息时间到弓长岭三道沟参观。当听到老矿工讲述日伪时期日本人逼矿工下井，甚至把活人扔进"万人坑"时，雷锋气得举起拳头高呼：打倒日本帝国主义！我们一定要牢记死难矿工的血泪仇，搞好社会主义建设，把焦化厂尽快建成投产，绝不让这样的历史重演。

②工人简易宿舍，墙体分为内外两层，内层是用泥垛成的，外层是用砖砌成的，这样的房子既保暖又省钱，可和泥时泥巴黏性不够，土墙垛不住，砖墙砌不牢。雷锋是在农村长大的，根据农民用泥和草垛内墙，沙子和泥砌外墙的办法解决了这个问题。以前，6 个人和泥供不上 10 个泥瓦匠的需要，用这样的方法 3 个人和泥就可以供上 10 个泥瓦匠所需的用泥，而且还有多余的时间去帮助瓦匠运砖。据焦化厂团总支书记李德堂回忆：10 月末的早晨，泥坑已经结起冰碴，在上面用镐头已经和不开了，雷锋就穿着雨靴进去踩，谁知雨靴一踩进去就拔不出来，没办法，他把靴子一掷，光着脚和起泥来了。

10 月下旬 利用杠杆原理,发明了"横杆吊斗"。①

10 月下旬 革新了滑车和独轮车等生产设施,使工作效率提高,加快了施工进度,被焦化厂评为技术革新标兵。

10 月下旬 义务跟车去辽阳拉萝卜。②

注释:

_____

①雷锋看到工人踩着跳板往房顶上送泥,既慢又吃力,便利用业余时间帮助大家研究出了一个土吊车——"横杆吊斗",即利用杠杆的原理,用三根木头做了一个三脚架,中间架起一根长的木头横杆,用绳子固定在三脚架上,装满泥巴的铁桶挂在横杆的一头,另一头用手一压,铁桶就上了房顶,方便实用,大大地提高了工作效率。

②据工友王玉坤回忆:1959 年 10 月末的一天,我们青年突击队跟汽车去辽阳拉大萝卜。天气很冷,穿一件大棉坎肩子还直哆嗦,本来不是雷锋的班,他也去了。装完车拉回厂后,他让女职工先回食堂休息吃饭,他和几个男职工卸到晚上 11 点多钟。

11月4日 晚上，组织工友突击队抢救水泥，并把自己的被子盖在水泥上，使集体财产免遭损失。

11月10日 和工友抢救水泥的事迹被《弓长岭报》报道。

11月14日 在日记中对11月4日晚上抢救水泥的事件进行了追记：……这时，我猛然想到了党的教导，要我们爱护国家财产，又想到了我是一个共青团员。想到这些，一种无穷的力量鼓舞着我，跑到宿舍，发动了20多个小伙子，组织了一个抢救水泥的突击队，有的忙着找雨布，有的忙着找芦席，盖的盖，抬的抬，经过一场紧张的战斗，避免了国家的财产受到重大的损失。……

11月15日 写了一封入党申请书，在申请书中写道：我志愿申请加入伟大的中国共产党。……我要永远忠实于党，忠实于人民，作一个名副其实的共产党员，为党的崇高事业奋斗到底！

11月中旬 工人因为营养不良出现浮肿、夜盲症、便秘等症状，雷锋腿上也出现了浮肿，但他把下发的两瓶肉罐头让给浮肿比他严重的同志，还托人买了一升黄豆，炒熟后送给工友。

11月中旬 在日记中写下：我们在建设焦化厂当中，住不好、吃不好和工作环境不好等，这些困难都是暂时的、局部的、可以克服的。只要我们有叫高山低头、河水让路的气概，是没有战胜不了的困难的。

11月20日 在日记中写道：我在鞍钢开推土机时，车间主任给了我一个任务，要我带3个学员。自己的技术不高，又怎能教好学员呢？可是，我想到这是党给我的任务，我一定要坚决完成。在驾驶和学习机器构造原理时，我和他们互相研究。我不懂就去请教其他师傅，而后再告诉他们。他们只用4个月就学会了开推土机。毕业后，工厂要给我36元带学员的师傅钱，我没要。我学的技术是党培养的，今天告诉别人是应该的。

同日 和工友抢救水泥的事迹被辽宁省《共青团员报》报道。

11月 以编快板、写板报的形式对工地上的好人好事进行宣传。

11月 早起拾粪支援农业生产。[①]

11月 和青年突击队员们到姑嫂城生产大队河沟里捞石头打地基。[②]

注释：

[①] 工友叶连升去鞍山看望朋友的路上发现雷锋在拾粪，问他这么冷的天，起这么早拾粪干啥？他说党号召咱们要支援人民公社，明年是持续跃进的1960年，拾点粪好支援农业大丰收。叶连升听后觉得自己也应该积极支援，就跟他一起拾起粪来。

[②] 当弓长岭工地建到最后一栋宿舍时，打地基的石头已经用完，工地附近的石头也都捡光了，等不及采石场运石头来，雷锋和青年突击队其他队员便到处去找石头。他们发现离工地不远的姑嫂城生产大队河沟里有不少石头，就找来钢筋钩子往上钩，钩不上来，就脱下鞋袜，挽起裤脚，踏碎冰碴蹚着水去捞。河水冰冷刺骨，他们咬着牙坚持，把石头一块一块搬上岸，终于捞齐了打地基的石头。

★ 与工友们到姑嫂城河沟的冰水里捞石头打地基，前排右一为雷锋

12月3日　弓长岭焦化厂党总支召开全厂职工征兵大会，党总支书记李钦荣作动员报告，号召适龄青年积极报名应征入伍。雷锋第一个登台表示坚决响应号召，要报名当兵。在雷锋的带动下，30多名工人相继登台表明决心。

同日　入伍心切无法入睡，从床上爬起来跑到车间办公室，叫醒已睡下的李钦荣问自己能不能入伍，李钦荣告诉雷锋可以入伍。回到宿舍后他还是不想睡，坐在桌旁写入伍申请书和决心书。

12月7日　作为矿山先进生产者[1]，参加弓长岭矿先进生产者、红旗手以及工段以上的干部大会。在当天的日记中写道：**……像我这样一个放猪流浪出身的穷孩子，今天能参加这样的大会，同时还把我选为主席团的成员。我是党的，光荣应该归功于党，归功于热情帮助我进步的同志们。**

注释：

---

[1]在鞍钢工作期间，雷锋18次被评为"节约标兵"，5次被评为"红旗手"，3次荣获"先进生产者"称号。

12 月 10 日　参军决心书《我决心应召》在《弓长岭报》发表。

12 月 13 日　将平时捡来堆放在宿舍房后大坑里的 300 来斤大粪，送给了姑嫂城生产大队，并给姑嫂城生产大队领导写了一封信。在信中写道：……**为了响应党的号召，工业支援农业，我是一个共青团员，我应该听党的话。因此，我利用下班、上班、早晚以及星期日的休息时间，拾到大粪 300 来斤。我趁今天礼拜的休息时间，特地将大粪送给你们……以支援农业生产。……**

12 月 16 日　送给工友彭佑生一个笔记本，在笔记本上写了这样几句话：

你最珍视的德性是什么？——朴素

你对幸福的理解是什么？　　做斗争

你最优良的特点是什么？——认清目标去努力

你最痛苦的是什么？——骄傲屈服

12 月　曹德胜把雷锋送粪肥的事告诉了社员们，社员们派代表给焦化厂送来表扬信。

12 月　在焦化厂忆苦思甜会上发言，对旧社会进行控诉。

12 月　扶起滑到雪沟里的老太太并送其到女儿家。①

12 月　一个工人被火车轧断了双腿，雷锋闻讯后跑到现场，找人把伤者抬到食堂，又找车送到矿山医院。伤者由于失血过多，一直处于昏迷状态，急需输血抢救，因医院血库缺血源，他第一个献血。

注释：

① 一天，有一位老太太在风雪天去女儿家，因为原来的空地建起了一座座厂房，铁路、管道、电线纵横交错，老人家老路找不见，新路又不熟，由于年迈体弱，一着急就滑到路边的深雪沟里，越挣扎陷得就越深，只能无助地呼叫救命。雷锋刚吃完饭从食堂出来，听到前面马路附近有人喊救命，就快速跑过去把老太太扶起来，背着老太太把她送到松泉寺的女儿家。

12月22日 参加征兵体检。弓长岭应征青年体检开始，体检站设在安平人民公社小屯学校内。一到体检站，就在一个黑板上用粉笔写下了一段话：**我要参军！保卫共产党、保卫毛主席、保卫祖国。把我可爱的青春献给祖国最壮丽的事业！雷锋。**①

同日 身着棕褐色皮夹克、蓝色毛料裤和黑皮鞋在照相馆留影。

注释：

①他参加体检时，把脚跟踮起来量身高，医生拍拍他的肩膀，让他站平，一量才1.54米，在称体重时，他使足了劲往下压磅秤。当时征兵要求的标准体重是不低于55公斤，负责体检工作的沈阳军区工程兵工兵第十团卫生连连长伍哲明见他体重不达标，劝他不要再往下检查了，要他明年体重上来了再来当兵。可他开始软磨硬泡，他还眼含热泪讲述了他家的苦难史，伍哲明有点同情他，但又不敢擅自做主，便推荐他去找十团技术营营长荆悟先求情，伍哲明也将他体检的情况向荆悟先作了汇报。

12月23日 因体检不合格，去找辽阳市人民武装部的副政委余新元。①

12月下旬 到余新元家吃饭，给余新元女儿余锦荣讲述了他童年的苦难，吃野菜、吃野果，从未吃过一顿饱饭。

12月下旬 看到余锦荣将两个小铅笔头扔了，告诉余锦荣应勤俭节约，要发扬艰苦朴素的好传统。

12月下旬 将在鞍山买的教学参考书《汉语语法常识》，送给易秀珍作纪念。

注释：

①据余新元回忆：决心参军的雷锋，有一股不达目的不罢休的劲儿。他第一天到兵役局，我去基层检查工作去了……第二天，我刚走进办公室，雷锋已经在等着了，手里拎着一个旧的牛皮箱。他准备不让参军，就在兵役局当兵。还打开箱子给我看，里面放着《毛泽东选集》1至3卷。他在兵役局穿着劳动服埋头干活，将兵役局整个三层楼的玻璃擦得干干净净，还帮服装处缝补衣服。他还诉说了他的苦难家史。我觉得雷锋参军决心如此之大，又是一个好苗子，我怎么也得想法把他送到部队去，于是上下奔走，帮助他层层过关。

12月下旬　向弓长岭焦化厂党总支书记李钦荣归还《毛泽东选集》，李钦荣看到书中很多文章都有雷锋写的眉批，见他这么刻苦用功，就把这套《毛泽东选集》送给了雷锋。

12月27日　拿到辽阳市人民武装部的入伍通知书。

本年　在日记本上写下一首小诗《荒山荡碧波》：

一群小伙笑呵呵，

背起锄头上山坡。

只听一声锄头响，

笑看荒山荡碧波。

本年　在日记本上写下一首诗《诉苦会》。

本年　创作诗歌《可爱的工厂》。

本年　创作诗歌《誓言》。

● 雷锋作品（1959）

我学会开推土机了（节选）
（1959 年 2 月）

2 月 24 日是我永远不能忘记的日子！

这一天，我第一次学会了开推土机，心情是何等的激动呵！

……　……

我为了响应党的号召，为了服从祖国的需要，为了1800 万吨钢，为了把自己锻炼得又红又专，我要求从湖南望城县委机关来到祖国的钢都——鞍山。一路上经过了武汉长江大桥，经过了首都——北京，同时我还在北京参观了一天，我看到了许许多多新鲜的东西。

我还在天安门前留了影。古老的北京城变成了一座美丽的大公园了，风沙飞扬的岁月也一去不复返了。如今空气清爽，风和日丽，有多得数不清的工厂，有幽静优美的大小楼房，有宽敞、富丽堂皇的俱乐部，有日用品堆得像山一样的百货供应大楼。北京是多么的可爱啊！我想在北京多停留几天，但为了 1800 万吨钢，我那颗火热的心已飞到了鞍钢，只想马上到达钢都，用自己的双手使钢水昼夜地奔流，让钢水奔流得像海洋一样。

……　……

当我第一次爬上推土机驾驶台学习的时候，我真高兴得要跳起来。我坐在驾驶员的身边，专心地看他怎样操作，怎样转弯，怎样发动汽油机……李师傅一面驾驶，一面告诉我操作方法和各部分名称，我一点一滴都记在脑子里，并写在日记上。这几天我真是睡不着觉，老是想着推土机，在床上翻来覆去，回忆着李师傅的指教，只想不睡觉，起来又去学习就好；我只想早一日学会，早日为祖国出一点力量。

学习了一个月，我懂得了一些操作方法和基本知识，李师傅就要我试验驾驶，他真的让出座位，站在一旁指点我。我一坐上驾驶台，心跳得很快，生怕开不动，别人会讥笑；又怕没有力，拉不动方向杆；还怕刹不住车。我的心情既是紧张，又是愉快，手脚都不由自主地颤抖起来。李师傅对我说："不要怕，要放勇敢些！"这时我才把油门加大，挂上排挡，把离合器向后一拉，推土机嘎嘎地开动了。可是推土机总不听我的指挥，走弯路。开了一会儿，我不怕了，心也不跳得那么厉害了，手脚也慢慢地不发抖了。这时，推土机也听我的使唤了。在这个时候，我的心情又是多么的喜悦呀！我回头望望，看看那一堆堆的土被推得堆成像山一样的高，仿佛看见了堆得像山一样的钢铁。

今天真有很大的收获，过得真有意义。下班以后，脑子里一个转又一个转地想着，吃饭的时候，还好像坐在推土机上哩，不停地摇晃着。我拿起筷子，像握住推土机的方向杆一样，随手推动，两只脚像踩在制动器上，自然地踏动着。我想今天得到的这样的幸福，不是党的培养教导，又哪里来呢！

我一定要以实际行动，来报答党对我的亲切关怀和照顾，一定努力钻研、勤学苦练，克服一切困难，忘我地工作，争取做一个优秀的推土机驾驶员。

翻 车 机
（1959年）

我第一次走近翻车机的身旁，

仿如空中霹雷响，

吓得我倒退两步心惊慌，

啊，原来是翻车机把一列煤车来个底朝上！

只听那半空中唰唰响，

满满的一列车煤呀！

翻倒得又净又光。

马达在轰鸣，

翻车机好像个大蛟龙，

上下不停地翻腾搅动。

你的力量无尽无穷，

你的任务是多么重大而光荣。

你有时有点小毛病，

我们工人的心啊，

比失掉自己的双手、眼睛还痛。

翻车机呀翻车机！
我在你身旁工作是多么的骄傲。
我愿意在你身旁尽忠效力，
伸出你的友谊的手吧——翻车机，
你我共同走向共产主义！

可爱的工厂
（1959年）

汽笛，对着初升的朝阳，
情不自禁地高声歌唱，
迎接英姿焕发的工人走进工厂。
啊，钢铁的心脏——鞍钢，
为了祖国的工业化，
你永远不知疲倦地繁忙。
你那高大的厂房，
建筑在数十里的土地上。
红彤彤的铁流，
像滚滚的长江水一样，
昼夜不停地奔忙。
如果谁要是在远处瞭望，

就能看到鞍钢全部的景象：

从森林般的大烟囱里，

吐出一股股黑黑的浓烟；

夜晚像无数条火龙在闪闪发亮，

把浓烟映得像五彩缤纷的彩云一样。

在这浓烟下面，

就是我们工作的厂房。

呀！真仿如神话般的天堂，

这里的工厂主人，

都在日以继夜地繁忙，

热情地歌唱。

歌唱我们的新生力量，

歌唱我们的厂房——鞍钢焦化厂。

誓　言

（1959年）

跃进战鼓响咚咚，

钢铁任务不放松。

誓夺 1800 万吨，

不获全胜不收兵。

培养生产多面手，

技术革命要领先。

……　……

百年大计质量第一，

产量任务也要提前完。

誓言决心齐下定，

各项任务保证能完成！

我决心应召

（1959 年 12 月）

12 月 3 日，当我听到车间总支李书记关于 1959 年征兵的报告后，我激动得一时一刻都没有平静。夜深了，我怎么也睡不着觉，便从床上爬起来，跑到了车间办公室，叫醒了熟睡的李书记。我问他，我能不能入伍呀？李书记笑着回答说："能呀！像你这样身强力壮的小伙子，参加人民解放军是顶呱呱的哩。"他从头到脚仔细地看了我一下说："哎呀，小雷怎么没穿棉衣呀！下这么大的雪，不冷吗？"这时我才觉得穿一套单衣有点冷，李书记把棉衣披在了我的身上。回到了宿舍，我还是不想睡觉，坐在条桌旁边写我入伍的申请书和决心书。

第二天一早，我想到车间去报头一名，天还没亮，哪知道回收工段适龄青年马守华比我更早，头一名让他得去了，真想不到我报的还是第二名。

参军！是我从小就有的愿望，人民解放军不仅是一个革命团结友爱的大家庭，而且还是个培养青年的革命大学校。现在我的愿望就要实现了，怎么叫我不高兴呢。

当我在入伍簿子上写到我要坚决"参军"二字时，一段辛酸的回忆涌上了我的心头：

我出生在一个很贫穷的农民家庭，父亲专靠给地主做长工来维持一家半饱的生活……剩下了孤孤单单7岁的我……过着非人的生活。那时我虽年纪小，对那些要命的野兽般的帝国主义和黑暗的社会是那么入骨地痛恨。

那时我想：要是有亲人来搭救我，我一定要拿起枪，粉碎那些狗豺狼！为爹妈报仇。

光明伟大的党啊！您拯救了我，给我吃的、穿的，还送我念书，高小毕了业，进入了初中，戴上了红领巾，加入了光荣的共青团，参加了祖国的工业建设，一天天地成长起来。

伟大的党啊！您是我慈祥的母亲，要是没有您，我很难想象到自己的一切。今天您需要我，我一定挺身而出，不怕牺牲和一切困难，永远忠于党、忠于人民，继承长辈优良的革命传统，为建设现代化的强大的国防军，为保卫社会主义建设，保卫世界和平，我要把自己可爱的青春献给祖国最壮丽的事业！我要做一个真正的共产主义革命战士，粉碎帝国主义！早日解放台湾。

诉 苦 会

（1959 年）

想起来，
好心酸。
忆往昔，
苦难言。
过去受熬煎，
挨饿没衣穿。
一天累到晚，
经常受皮鞭。
有病无钱治，
死了扔山边。
破屋露着天，
星月照房间。
外头下大雨，
屋里小雨天。
头顶破脸盆，
麻袋披在肩。
过去苦难重，
老小不团圆。
成天吃野菜，
冬天身无棉。

粮米高价无钱买，
孩子老婆泪涟涟。
地主来逼账，
拿着东西去典当。
衣物变卖光，
到处去流浪。
为了吃口饭，
讨要大街上。
自从来了共产党，
咱们穷人见晴天。
从今不再受压迫，
当家做主掌好权。
艰苦奋斗永向前，
人民的江山万万年。

1960 年
— 二十岁 —

1月1日　傍晚6点，工段团支部、工会在工人食堂组织舞会欢送应征入伍的青年，雷锋参加欢送会。

同日　佩戴大红花，身穿皮夹克，在照相馆拍下"光荣入伍"的照片。

1月2日　被余新元送到新兵大队，给负责征兵工作的沈阳军区工程兵工兵第十团军务参谋戴明章当临时便衣通讯员。

同日　晚上，与应征入伍新战士一起观看电影《三个母亲》。

1月6日　被破格推荐入伍。①

注释：

---

① 1月6日下午，全体新战士都换上了军装，而雷锋仍然没有过定兵关，还是预备兵员。余新元、王恩林、傅振华、荆悟先等几个领导对他的入伍问题做了最后一次研究，一致认为：雷锋阶级立场坚定，政治思想好；工作积极主动，入伍动机好；大有发展，能当个好战士。至于身体条件，虽然按国家规定标准的身高、体重差点，是次要的，决定破格推荐他入伍。

1月7日　深夜，接到入伍通知并领到军装。①

1月8日　上午，辽阳市党政领导、各人民团体负责人和干部、学生以及各界群众欢送新兵入伍，余新元和老伴为雷锋送行。②

注释：

①戴明章通过军用长途电话向沈阳军区工程兵工兵第十团团长吴海山直接报告了有关雷锋的情况，请示是否同意雷锋入伍，吴海山听后表示"一切由你军务参谋看着办好了。"于是，戴明章在留有新兵机动指标的名册上填了雷锋的名字，并向市兵役局递交了共358名新兵名册。据戴明章回忆：我向团长吴海山请示带回雷锋后，在即将出发的前8个小时，才通知雷锋本人并令其换上军装。雷锋由于个人的理想愿望终于实现，心情无比激动，他高兴得嘴都合不拢，手舞足蹈，欢快得简直是发了狂。

②据余新元回忆：雷锋没有亲人来送行，只有我和老伴田儒文，近一个月的朝夕相处，老伴已经把雷锋视为自己的孩子了。为欢送雷锋，她特意请了假，拎着雷锋那只装着全部家当的小皮箱，以雷锋亲人的身份，出现在欢送新兵的人群中。她特意给雷锋买了20个鸡蛋，还有裤头、背心、毛巾、香皂等生活用品，嘱咐雷锋到部队要好好学习，好好锻炼，做一个毛主席的好战士，同时不要忘记照顾好自己的身体。老伴像母亲一样含泪反复叮咛，他噙泪郑重点头。

同日 中午12：30，新兵由辽阳车站登上专用列车，下午15：30抵达营口。雷锋在专列上，指挥大家高唱《没有共产党就没有新中国》《社会主义好》《我是一个兵》等歌曲。

同日 下午，代表新战士在沈阳军区工程兵工兵第十团（7343部队）欢迎新兵大会上发言：……**我们这些新战士，能在60年代刚刚开始的日子里，穿上军装，扛起枪杆，真有说不出的高兴。我们当中有工人，有社员，也有学生，来自四面八方，可我们只有一个心眼，学好本领，保卫祖国，当个像样的兵……**

同日 写下入伍后的第一篇日记：**这天是我永远不能忘记的日子，这天是我最大的荣幸和光荣的日子，我走上了新的战斗岗位，穿上了黄军装，光荣地参加了中国人民解放军。我好几年来的愿望在今天实现了，真感到万分的高兴和喜悦，这是我一生最大的幸福。……我一定要做一个毛泽东时代的好战士，我要把我可爱的青春献给祖国最壮丽的事业。……**

同日 晚上，有感冒发烧迹象，被新兵营营长荆悟先发现，荆悟先从卫生连叫来一名大夫给他看病，并把自己的被子和棉衣盖在雷锋身上。

1月9日　生病后被大家关心，深受感动。①

同日　早饭后，在团俱乐部大礼堂里，听团政治处主任张国民上政治课，团长吴海山讲本团的光荣历史。

同日　在翻阅画报时，看到了英雄黄继光的画像，他把画像剪下来，贴在自己新的日记本扉页上，并写下：**英雄的战士黄继光，我永远向您学习！……为了党和人民的事业，就是入火海，进刀山，我甘心情愿，头断骨粉，身红心赤，永远不变！**

1月10日　给弓长岭焦化厂团总支书记李德堂写信：**……我的一切是党给我的，光荣应该归于党，归于热情帮助我进步的同志们；至于我个人所做的工作，那是太少太少了……把自己锻炼成一个文武双全……的战士……**

注释：

----

①早上，雷锋醒来觉得感冒好了些，马上翻身要起床，却被班长薛三元按下了，让他病了就好好休息。战友们生上炉子，都围拢在他床前，有的问候病情，有的给他端水送药，有的给他送来热毛巾擦脸。早操后，荆悟先让炊事班给他做了面条，薛三元端来让他快趁热吃，他被部队大家庭的温暖、首长和战友们的关怀，感动得流下热泪。

1 月 12 日　在日记中摘抄了这样一段话：……虽然是细小的螺丝钉，是个微细的小齿轮，然而如果缺了它，那整个的机器就无法运转了，慢说是缺了它，即便是一枚小螺丝钉没拧紧，一个小齿轮略有破损，也要使机器的运转发生故障的。尽管如此，但是再好的螺丝钉，再精密的齿轮，它若离开了机器这个整体，也不免要当作废料扔到废铁料仓库里去的。

1 月 18 日　在日记中写下：雷锋同志：愿你做暴风雨中的松柏，不愿你做温室中的弱苗。

1 月 28 日　春节，和全团官兵一起参加在三营大操场召开的春节团拜会，团拜会结束后，独自一人到营口市区一家照相馆照相，共照了三张照片。因外出未请假，受到指导员批评。

1 月　新兵训练开始，需要进行队列、投弹、射击等基础训练，练手榴弹按规定投 25 米方为及格，投 50 米为优秀。他因个子不高，练手榴弹投掷时达不到及格标准。于是起早贪黑努力练习，终于在实弹投掷时取得了优秀的成绩。

1月 在日记中摘抄焦萍（原名姚筱舟）的诗作《唱支山歌给党听》，并进行了修改：

唱支山歌给党听，

我把党来比母亲，

母亲只生我的身，

党的光辉照我心；

旧社会的鞭子抽我身，

母亲只会泪淋淋，

共产党号召我们闹革命，

夺过鞭子揍敌人。[①]

注释：

① 这首诗歌里对党的热爱，对旧社会的仇恨，都与雷锋的苦难身世、政治立场、感恩情怀十分贴切，使雷锋产生了强烈的情感共鸣。于是雷锋把这首诗摘抄在他的日记里，以表达自己的心声，并对诗的三处地方进行了修改：原诗中的"母亲只能生我身"改成"母亲只生我的身"；"党号召我们闹革命"改为"共产党号召我们闹革命"，并删除了最后四句关于"大跃进"的内容。原作者焦萍回忆：雷锋因公殉职后，《雷锋日记》编印成册，上海实验歌剧院作曲家朱践耳看到后有感而发谱写成曲，并给当时在上海音乐学院深造的才旦卓玛试唱，很快传遍大江南北。

1月　在日记中写道：**我出身于贫苦家庭，在旧社会过着缺衣少吃的苦日子。那种受奴役、被欺凌的仇恨，使我永远铭记在心。**

2月4日　在日记中写下：**可以说在我的周身的每一个细胞里，都渗透了党的血液。**

为了忠于党的事业……今后，我一定要更好地听从党的教导，党叫我干什么，我就干什么，决不讲价钱。……

2月5日　在《辽阳市报》上发表《温暖如家》一文。

2月7日　与一起入伍的工友叶连升、李长柏共同写信给鞍钢弓长岭焦化厂的领导李德堂、陈益东。信中说：**我们部队正在进行着社会主义教育，我们深信，通过这次教育，更能澄清我们的糊涂思想，提高我们的共产主义觉悟……增强战斗力。为了保卫祖国、保卫人民、保卫社会主义建设，我们一定要刻苦学好本领，一旦帝国主义发动侵略战争，我们就把它埋葬在海洋。**

2月8日　在日记中写下：**我出生在一个很贫穷的农民家庭，在旧社会里受尽了折磨和痛苦。参军以后，我在党的培养教育下，深深懂得了社会主义的今天是由无数革命先烈和战友的艰苦奋斗、英勇牺牲得来的。从我参加革命那天起，就时刻准备着为了党和阶级的最高利益牺牲个人的一切，直至最宝贵的生命。**

2月15日 又一次阅读了毛泽东写的《纪念白求恩》这篇文章，写下日记：敬爱的毛主席，我看到您写的《纪念白求恩》这篇文章，深受教育，被感动得流下了热泪。

过去有人讽刺我说："你积极有什么用，那么点的小个子，给你150斤重的担子，你就担不起来。"我听了这话，还埋怨自己为啥长这么点小个子呢！

可是，您老人家说："一个人能力有大小，但只要有这点精神，就是一个高尚的人，一个纯粹的人，一个有道德的人，一个脱离了低级趣味的人，一个有益于人民的人。"这话给我很大鼓舞。个子小，我也要尽我自己最大的力量，做到毫不利己，专门利人，向伟大的国际主义战士白求恩学习。

2月下旬 新兵训练结束，全团在三营大操场召开了新兵训练总结暨表彰大会，团首长宣读了嘉奖令，通报表扬了在新兵训练中表现优秀的战士，雷锋是其中的一员。

3月上旬 新兵连训练结束后，被分配到工程兵工兵第十团运输连当汽车兵。

3月上旬 部队为庆祝新兵训练结束，在新兵营举行了文艺晚会，雷锋上台先朗诵参军前写的一首诗《台湾》，又朗诵了一首自己创作的小诗《当我穿上军装的时候》：小青年实现了美丽的理想，第一次穿上庄严的军装，急着对照镜子，心窝里飞出了金凤凰。党分配他驾驶汽车，每日就聚精会神坚守在车旁，将机器擦得像闪光的明镜，爱护它像爱护自己的眼睛一样。

3月上旬 被留在战士业余演出队，未随部队移防到抚顺。①

3月上旬 当好战士业余演出队的勤务员。②

注释：

①工程兵工兵第十团移防抚顺，协助建设抚顺钢厂（"751"工程）。大部队移防后，留下一部分人成立战士业余演出队，向地方党政机关、干部家属单位和人民群众做告别答谢演出。雷锋因在文艺晚会上的表演被团俱乐部主任陈广生看中，指名要他参加团里战士业余演出队。

②据陈广生回忆：在战士业余演出队期间，雷锋由于普通话不标准，不能上台表演，但为了能让大家集中精力排练节目，他把演出队的勤杂活全包了下来。不管战士们排练到多晚，他坚持收拾道具、打扫排练场地。有时还到演出队后勤帮厨，热心照顾生病同志，当好大家的勤务员。

3月9日 写下日记：我学习了毛主席著作以后，懂得了不少道理，脑子里一豁亮，越干越有劲，总觉得这股劲儿永远也使不完。

我为群众尽了一点自己应尽的义务，党却给了我极大的荣誉，去年被评为先进生产者，并出席了鞍山市青年建设积极分子大会。这完全是由于党的培养，是由于毛主席思想给了我无穷的力量，是由于广大群众支持的结果。我要永远地记住：

"一滴水只有放进大海里才能永远不干，一个人只有当他把自己和集体事业融合一起的时候才能有力量。"

"力量从团结来，智慧从劳动来。

行动从思想来，荣誉从集体来。"

我要永远戒骄戒躁，不断前进。

3月10日 观看电影《黄继光》，在日记中写下：在今天的电影里，我看到英勇的革命战士黄继光。他为了党和人民的事业，为了人类的解放而献出了自己最宝贵的生命。……他这种为了党和人民的事业而牺牲了自己的崇高精神是值得我永远学习的。……

3月13日 和战士业余演出队的战友们到沈阳一家照相馆照了一张合影，雷锋自己还照了一张单人像。

★ 战士业余演出队在沈阳合影，后排右一为雷锋

3月18日 与后勤文艺演出队战友合影。

3月 一天，到沈阳抗美援朝烈士陵园瞻仰，走过黄继光、杨根思、邱少云、杨连弟、孙占元等烈士的墓，在题有"抗美援朝烈士英灵永垂不朽"12个字的纪念碑前庄严宣誓。

4月7日 随同战士业余演出队来到抚顺。

4月8日 回到运输连，在新兵训练四排十班学汽车驾驶。①

同日 向连队党支部递交了入党申请书。

4月 连队运输任务重，新兵排只有一台教练车，雷锋和战友一起用废旧材料制作了汽车驾驶教练台，在教练台上练习驾驶技术。不仅把落下一个多月的课程补上了，还被大家推选为技术学习小组长。

注释：

① 分到运输连的新兵已基本学完汽车理论课，即将转入学习汽车的实际驾驶阶段。落下课程的雷锋在排长的帮助下，拿着汽车驾驶课本对照汽车各个部件一个一个地熟悉，很快把汽车构造、部件性能和操作方法的要点摸清了。

4 月　到连队后经常做好事，热心帮助他人。①

4 月　给战友们看他的"传家宝"。②

5 月上旬　经过新兵排理论培训合格后，被编入二排四班。领导见雷锋不但钻研技术，而且爱车如命，就把一台从抗美援朝战场退下来的苏联产嘎斯 51 型，车牌号为 J7-24-13 的载重汽车交给他开，安排韩玉臣给他当助手，并批准他们跟老兵一起，上工地执行运输任务。这台车本是四班耗油最多的一辆车，班里的同志都称它为"耗油大王"。雷锋与韩玉臣一起努力，花费了不少工夫，将这台"耗油大王"改成了节油车。

注释：

①早晨起来雷锋给班里战友打洗脸水、洗衣服、缝缝补补，打扫室内外卫生，到车场擦车，打扫厕所。上文化课前，雷锋领着大家唱歌；吃饭时给大家读报。同班战友周述明家人生病暂时手中无钱买药，他得知后立即以周述明的名义寄去 10 元钱。

②在湖南望城时张兴玉曾送给雷锋一双袜子，他补了三四层，也舍不得扔掉，还经常拿出来给大家看，说这是县委书记给他的，是传家宝。他的鞋、衣服破了，总是补了又补，舍不得换新的，他参加活动或军训时就换上新军装，平时出车执行任务或参加劳动时再换上旧的。

5月29日　向抚顺市望花区和平人民公社捐款。①

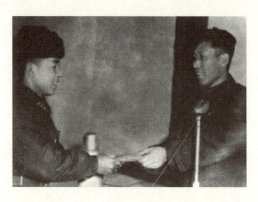

★ 向抚顺市望花区和平人民公社捐款

5月下旬　在汽车理论结业考试中取得了优秀成绩，被评为五级驾驶员，第一个下到战斗班——运输连二排四班。

注释：

①星期天，雷锋上街办事，碰到人们正在庆祝抚顺市望花区和平人民公社成立。他立即到望花区七百储蓄所（今工商银行抚顺雷锋支行），从自己全部203元储蓄中取出200元钱，赶到公社，交给公社办公室工作人员说："这是我对和平人民公社的一点心意，请收下吧。"工作人员一看他是个战士，知道他每月津贴只有6元钱，拿出这么多钱很不容易，坚决不收他的钱，让他留给自己用或寄回家里。他一听到"家"心里受到触动，马上说人民公社就是我的家呀，我这钱就是给家里用的。在雷锋的苦苦要求下，公社只好留下其中100元。

5月下旬 雷锋的优秀表现，引起了团领导的关注。团党委开始对雷锋的情况进行全面调查了解，从中又发现了雷锋做的许多好事。团党委把考察雷锋、培养雷锋列入了议事日程，明确由团副政委刘家乐专门负责。

5月下旬 被抽调到九连城舟桥82团参加集训，准备代表工程兵部队，参加沈阳军区7月份在锦州举行的首届体操比赛。

5月下旬 去安东参加沈阳军区运动会集训，在抚顺开往沈阳的列车上帮助他人。①

注释：

---

①在由抚顺开往沈阳的列车上，雷锋一直忙个不停，一会儿给老人让座，一会儿帮列车员打扫卫生，给旅客倒水，帮中途下车的旅客拿东西。他在沈阳站换车时，遇到一位带小孩的中年妇女，从山东去吉林探望丈夫，因车票、粮票和钱都不慎丢失，急得满头是汗。他知道后立即到售票处，花6元钱为其补了车票。

6月5日　在运输连举办的"勤俭节约现场展览会"上，给战友们介绍勤俭节约的经验。在日记里提示自己：**在工作上，要向积极性最高的同志看齐；在生活上，要向水平最低的同志看齐。**①

注释：

①雷锋在个人生活上，一贯坚持向低标准看齐，从不乱花一分钱。参军以来，每月领到津贴费后，除留下交团费、买肥皂、牙膏和书籍的钱外，余下的全部存入储蓄所。他做了一个节约箱，把平时捡到的破铜烂铁，边角余料和螺丝钉、牙膏皮、破手套等都装在里面，能用的就留着以后用，没用的就当废品卖，然后把钱交给连队俱乐部做文化活动经费。他的"节约箱"和他的节约行动，受到团领导的称赞，把他作为先进典型，在全团进行推广。运输连举办了"勤俭节约现场展览会"，把他使用的日常用品摆放在乒乓球台上，让他给大家介绍勤俭节约的经验，他还在现场演示了如何补袜子。

同日　在日记中写道：单丝不成线，独木不成林。一个人是办不了大事的，群众的事一定要发动群众、依靠群众自己来办。……我一定虚心向群众学习，永远做群众的小学生。只有这样，才能做好工作，才能不断进步。

我深切地感到，当你和群众交上了知心朋友，受到群众的拥护，这样会给你带来无穷的力量，再大的困难也能克服，无论在什么艰苦的环境中，都会使你感到温暖和幸福。

6月上旬　从安东返回抚顺途中在沈阳换车，帮助路费花光的山东老太太购买车票。

6月12日 利用星期天休息时间为工地运砖。①

6月26日 参加安东九连城体操比赛集训时，在照相馆拍照留影。

注释：

①上午8点左右，雷锋因肚子痛，到团部卫生连去看病。看完病在回营房的路上，经过抚顺市第二建筑公司三工区本溪路小学建筑工地时，工地运送红砖人力不足，广播员正在鼓动运砖工人加油。见此情景，他立即走进工地，找来一辆手推车装满红砖，跟着建筑工人一道干了起来。发现工地上多了一位解放军，大家干得更欢了。在运砖间歇，有人问雷锋的姓名和所在部队，他不肯说，工人就只好找来工地的书记才给问出来。傍晚，工人们敲锣打鼓把感谢信送到连队，战友们才知道雷锋带病又做了一件好事。

★ 雷锋参加安东九连城体操比赛集训期间留影

6月28日　工程兵工兵第十团技术营营长荆悟先、教导员崔东基，签署了运输连为雷锋申报晋衔的奖励登记表。

7月8日　为表彰他在参加社会主义建设中，圆满完成任务获得优良成绩，所在部队为他记三等功1次，颁发了三等功奖状，沈阳军区政治部给他颁发了三等功喜报。

7月10日　连长李超群、指导员高士祥为他出具授予上等兵军衔评定意见。在"授予上等兵军衔名册"上，连队对雷锋军衔评定的意见及理由是：**该同志自入伍以来工作一贯积极，踏踏实实，服役态度端正，政治思想进步，学习虚心，学习上能勤学苦练，个人利益能服从整体利益，工作上不怕困难。可提为上等兵。**

7月12日　被授予上等兵军衔。工程兵工兵第十团后勤处处长兰书玉、协理员邓廷琪，在名册上为雷锋签署了"批准授予上等兵军衔"的意见。

★ 中国人民解放军 7343 部队授予雷锋的三等功奖状

7月19日 在锦州参加军区体操比赛，获得三级运动员称号，并拍照留影。①

7月—8月 被团政治处组织股列为党员发展对象。②

注释：

① 照片上雷锋身穿印有"鞍钢技校"四字的背心，面带微笑，两手抱在胸前。照片上题字为："沈阳军区体运赛于锦留影60.7.19。"后来他把这张照片寄给了堂叔雷明光，并在照片背面写着："赠给：父亲留念，此照片是儿当上了三级运动员，参加军区比赛时照的。请父亲拿回家给祖父母看一看。"

② 7月下旬团政治处组织股要各连申报年度党员发展计划，运输连党支部经过讨论后，把雷锋列为发展对象上报。全团确定100余名入党积极分子为发展对象，只有雷锋是当年入伍的新兵。政委韩万金审阅他的材料时说，雷锋是个好苗子，连队党支部要重视他的入党问题，不要拘泥入伍时间长短，符合条件就可以发展。组织股同志按照韩万金的指示，同意运输连党支部的意见，认为当年发展雷锋入党是不存在问题的。派人去湖南对他的家庭、社会关系等情况进行外调，调查材料证明他的身世的确很苦，社会关系极为单纯，没有发现任何问题。8月份，团政治处组织股经过研究，把雷锋列入第四季度党员发展计划。

8月1日 主动出车运草袋送到工地。①

8月3日 带病与战友们一起抗洪抢险，受到团党委的奖励。②

注释：

①抚顺钢厂建设工地施工急需草袋，指挥部器材处给本来还在"八一"建军节休假中的工程兵工兵第十团运输连打电话，要求他们立即派车执行运输草袋的任务。雷锋了解到情况后，与另一名司机主动出车，他们将一车车草袋运送到了工地，连午饭都没顾上吃，一直干到傍晚才收车归队。

②抚顺地区连降暴雨，河水暴涨，抚顺郊外的上寺水库有可能溃坝。市委、市政府发出"紧急动员起来，保卫煤都，保卫人民生命财产安全"的指示。运输连接到抗洪抢险任务，雷锋带病来到抗洪现场，与战友们在暴风雨中奋力地开掘溢洪道。经过七天七夜的连续奋战，抗洪抢险任务胜利完成。他在这场抗洪斗争中表现突出，受到团党委的奖励。

8月20日　在日记中写道：……有些人说我是"傻子"，是不对的。我要做一个有利于人民，有利于国家的人。如果说这是"傻子"，那我是甘心愿意做这样的"傻子"的，革命需要这样的"傻子"，建设也需要这样的"傻子"。我就是长着一个心眼，我一心向着党，向着社会主义，向着共产主义。

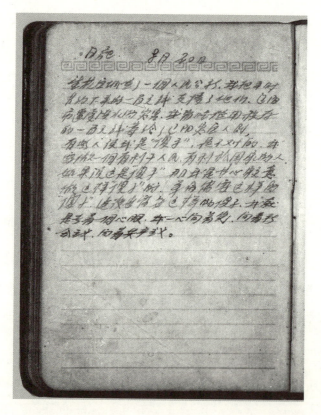

★ 雷锋日记手稿

8月28日 了解到辽阳地区遭受百年不遇特大水灾，给辽阳市委寄去了100元钱，支援灾区发展生产，并给辽阳市委写了一封信：**我看到最近以来，辽阳遭受了百年没有过的大洪水的侵袭，因此使国家和人民的财产受到了很大的损失。现在国家和人民有困难，我是一名中国人民解放军战士，我一定要挺身而出，以实际行动来支援灾区人民。**

9月6日 收到辽阳市委的感谢信。[1]

注释：

[1]辽阳市委收到雷锋支援灾区的100元钱汇款和慰问信后，市委副书记邵良安排市委机关工作人员李绍信执笔，以辽阳市委的名义，给7343部队首长并转15分队雷锋回了一封感谢信。信中写道：雷锋同志能在我们遭受特大水灾之时，寄信和邮钱，从道义和财力上支援我市灾区，这种崇高的阶级友爱精神，说明了一个问题：就是人民解放军作为人民的子弟兵，和人民有着密不可分的血肉联系，说明了我们人民解放军有着一贯的与人民同甘苦共患难的光荣传统。雷锋同志能够有着无上崇高的共产主义品德，也是党和部队长期教导的结果。部队知道雷锋捐款的事迹后，安排团政治处宣传股长吴广信和干事庞士元与他进行了一次长谈，到运输连了解他入伍后的工作表现。吴广信和庞士元把了解到的情况，向团政委韩万金作了汇报，团领导非常重视，指示他们尽快把雷锋的先进事迹整理出来。

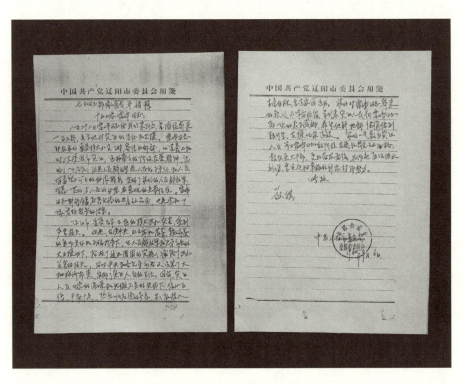

★ 辽阳市委写给雷锋所在部队的感谢信

9月14日　工程兵工兵第十团政治处整理出"雷锋同志模范事迹材料"①。送给雷锋本人看时，雷锋划掉"雷锋同志模范事迹材料"这一标题，改写成"解放后我有了家，我的母亲就是党"。

注释：

①韩万金看了雷锋的先进事迹材料后以政治处名义加了按语："最近党中央发出了增产节约的指示，1960年入伍的新战士雷锋同志坚决响应中央号召，处处省吃俭用，从不乱花一分钱，以积少成多、点滴成河的节约精神，把入伍前后存的200元钱分别支援了人民公社和灾区人民，受到了抚顺、辽阳人民和政府的赞扬。雷锋同志这种为了人民勤俭节约的精神，积极支援社会主义建设的高贵品德，理应成为我们每个同志学习的榜样。"并批示："立即打印30份，发各连党支部和司、政、后机关组织学习，同时上报军区工程兵政治部。"这份模范事迹材料下发，在全团指战员中引起了强烈反响，团党委决定树立雷锋为艰苦奋斗的"节约标兵"。

9月24日　撰写通讯《积少成多滴水成河——记傅长奇爱护国家财产的事迹》，在抚顺钢厂厂报《红星报》上发表。①

10月1日　经工程兵工兵第十团党委批准，被记二等功1次，并获颁喜报。奖状上面写着：**雷烽（锋）同志在社会主义建设中成绩优异，业经批准为记二等功一次，特颁发奖状以资奖励。**

10月5日（农历八月十五日）　参加运输连召开的中秋节联欢会，领到4块月饼，没舍得吃，把月饼用纸包好收了起来。

注释：

①随部队参加抚顺钢厂建设时，雷锋除了执行运输任务外，还做了一些报道采写工作。傅长奇是驻厂部队15小队五排汽车司机，担负基建工程材料运输任务。在排里开展的"每人做一件好事迎接国庆"活动中，傅长奇开动脑筋，收集遗漏在车厢中的散落水泥，在不长时间里就捡回400多斤水泥，为大家树立了一面增产节约的旗帜。

★ 中国人民解放军 7343 部队授予雷锋的二等功奖状

10月6日 出车路过抚顺市西部职工医院（今抚顺市第二医院），把月饼连同一封慰问信，送给了在这里住院治疗的四个伤病员。在慰问信中写道：**亲爱的阶级兄弟，为祖国社会主义建设负伤和有病的休养员同志，这4块月饼是人民给我的，它使我想起了过去的苦，体验了今天的甜。因此，我很自然地想起了你们，请接受一个战士的心意吧。**

★ 雷锋将中秋节发的月饼送给抚顺市西部职工医院的伤病员
（摄影：季增）

10月10日　受连队党支部的委托，和战友苏永国、齐贵春、伊德阿、贾玉堂、于泉洋、刘春元、于增水、庞春学等15名同志一起，被抚顺市望花区建设街小学（今抚顺市望花区雷锋小学）聘为校外辅导员。下午1时，聘请校外辅导员大会在抚矿机修厂俱乐部召开。少先队员为雷锋系上红领巾，他在会上给全校师生作报告。

10月11日　到望花区建设街小学参与研究少先队工作。对该校少先队大队原定的活动计划提出两点补充意见：

一、在全校少先队员中开展勤俭节约"三件宝"（储蓄箱、节约箱、针线包）活动，培养同学们艰苦朴素的品质；

二、建立一个小图书馆，丰富孩子们的课外学习生活。

他带头向学校图书馆捐赠了毛泽东著作单行本和其他图书。

10月20日　建设街小学少先队大队委员会赠送给他一个笔记本，在扉页上写道：

赠给：亲爱的大朋友雷峰（锋）同志

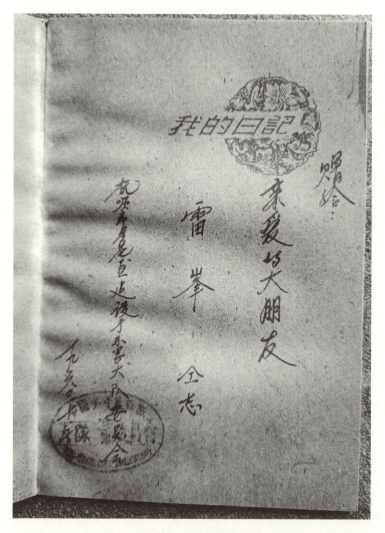

★ 抚顺市建设街小学大队委员会赠送给雷锋的笔记本

10月21日 将自己带的饭让给战友王延堂吃。①

同日 在日记中写道：我要牢牢记住这段名言："对待同志要像春天般的温暖，对待工作要像夏天一样的火热，对待个人主义要像秋风扫落叶一样，对待敌人要像严冬一样残酷无情。"

★ 雷锋将自己带的饭让给战友王延堂吃（摄影：季增）

注释：

————————————————————————

①上午和运输连二排四班的战友们执行连里交给的一项任务，去山上割草拉回来盖菜窖。到12点时，薛三元吹响了集合哨，大家坐在一起吃午饭，只有战士王延堂坐在一旁没有饭吃。雷锋过去一问才知道，原来王延堂个子大力气大饭量也大，早上就把中午的盒饭给吃了。雷锋把自己带的盒饭递了过去告诉王延堂说自己肚子疼，实在吃不下饭，求王延堂帮忙，把它"消灭"。王延堂见他说得很诚恳，也就信以为真，接过来把饭吃了。

10月　全军开展"忆阶级苦，忆民族苦；查立场，查斗志，查工作"的"两忆三查"教育运动，雷锋在运输连作忆苦思甜报告。

★　雷锋在运输连做忆苦思甜报告（摄影：张峻）

11 月上旬　日记被沈阳军区工程兵党委和《前进报》领导阅读并受到赞赏。①

11 月　应邀到兄弟部队和地方学校作忆苦思甜报告。②

注释：

①在沈阳军区工程兵党委召开的连队政治工作会议上，工程兵党委领导集体接见了雷锋，他送上了政治部副主任王寄语特意要求他带的 5 本日记本。王寄语连夜翻阅，被他的日记深深地打动了。第二天王寄语就安排政治处、宣传处的人组成一个小组，对雷锋的日记进行摘抄整理，而且要求按原文照抄，不许修改补充。《前进报》总编辑稽炳前读了雷锋的日记后很感动，把他的日记交给了报社党政组组长董祖修，计划分开发表。

②按照沈阳军区工程兵政治部指示，雷锋被临时抽调到沈阳，到工程兵所属各单位作忆苦思甜典型报告。在他巡回报告过程中，军区工程兵政治部和工程兵工兵第十团都指派专人陪同。这期间，除了在本部队系统内作报告外，还应邀到兄弟部队和地方学校作报告。至 1961 年 1 月 15 日止，共作报告 27 场，听众达到 22000 余人次。

11月4日　《抚顺日报》第三版刊登了雷锋与涂知行合写的报道《艰苦朴素的人民子弟兵》。

11月5日　应邀到沈阳师范学院（今沈阳师范大学）为该院师生作报告。

同日　向军区工程兵政治部助理员于长青请假，要回辽阳化工厂，看望他在辽阳焦化厂的领导和工友。

11月6日　在日记中记录了去辽阳看望焦化厂的领导和工友的经过：昨天我向于助理员请好了假，去辽阳化工厂看我原来的厂领导和工人。今天早上我从沈阳乘火车到了辽阳市。因没赶上火车，我到了辽阳市武装部，见到了余政委。……下午7点钟，我乘火车到了安平，7点30分就到了我原来的工厂——焦化厂。我走进党总支办公室，熊书记、李书记、吴厂长看见是我回来了，真是高兴。我也非常兴奋，好像见到了自己的亲人一样。……

11月8日　在沈阳军区工程兵党委召开的连队政治工作会议上发言。

同日　到沈阳市实验中学作报告。

★ 雷锋应邀到沈阳市实验中学作报告（摄影：张峻）

　　同日　晚上，运输连召开支部党员大会，一致通过雷锋加入中国共产党，指导员高士祥和连长李超群为他的入党介绍人。

　　同日　在日记中记录了加入中国共产党的心情：60年11月8日，是我永远不能忘记的日子。今天，我光荣的加入了伟大的中国共产党，实现了自己最崇高的理想。……今天我入了党，使我变得更加坚强，思想和眼界变得更加开朗和远大。我是一个共产党员，人民的勤务员，为了全人类的自由、解放、幸福，哪怕高山、大海、巨川，为了党和人民的事业，就是入火海进刀山，我甘心情愿，头断骨粉，身红心赤，永远不变。

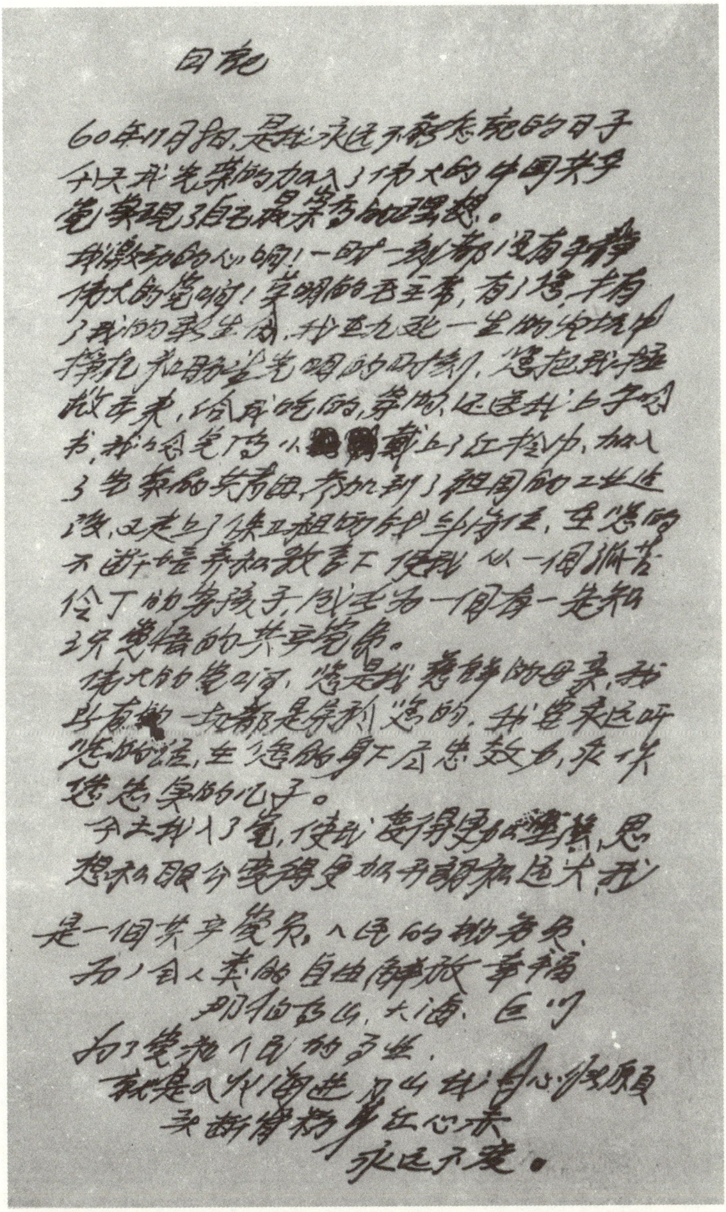

★ 雷锋日记手稿

11月9日 工程兵工兵第十团技术营党委在沈阳军区第二招待所临时召开一次党委会，讨论批准雷锋入党。与会全体同志一致举手通过，批准他自1960年11月8日起为中国共产党预备党员。

同日 连指导员高士祥与雷锋谈话，宣布党组织已批准他加入中国共产党。宣传干事张峻和《解放军画报》记者吴加昌拍下了谈话场景。

11月10日 工程兵工兵第十团党委指派党委委员、团政治处组织股股长赵玉瑞代表党组织与雷锋谈话，对他光荣加入中国共产党表示祝贺，并勉励他入党后更加积极工作，雷锋表态不会辜负党的希望，今后一定做个合格的共产党员。

★ 指导员高士祥与雷锋谈心

11月11日　工程兵工兵第十团收到中共抚顺市和平人民公社党委给部队的来信。信中对雷锋为和平人民公社的成立捐款一事深表感谢：**……你部15分队雷锋同志，怀着兴奋的心情，带着他不知积蓄了多久的200元人民币来到我社筹建办公室，为表示对党的人民公社化运动的拥护和对人民公社的无比热爱，要将自己积蓄的钱全部献给人民公社。他这种精神，使我们深为感动……雷锋同志是我们人民解放军中的一员，他这种崇高的共产主义风格，是党长期教育的结果，是人民军队里战士中的榜样……对于他这种崇高的品质，我们只有对党所教育培养的军队表示感谢！**

11月14日　和助理员于长青一起到达安东7083部队，为干部集训队作忆苦思甜报告。晚上7点，观看电影《聂耳》。他在日记中写下了观后感：**……影片中的主角聂耳给我的印象最深。他是一个坚强的无产阶级**

的革命战士，是党的好儿子。他那种勇敢、坚强、机智、虚心、敢于斗争的精神，是值得我永远学习的。

11月15日　观看完评剧《血泪仇》后，写下日记：……自从来了人民的大救星、伟大的中国共产党，党把我从火坑中拯救出来……

11月18日　同14位战友合影。

★　雷锋与战友合影（前排右四为雷锋）

11月21日 下午1点30分，受到沈阳军区工程兵政委吕清接见。①

★ 沈阳军区工程兵政委吕清为雷锋题字（摄影：张峻）

注释:

①吕清给雷锋题字，并教导他革命者不能满足，要更加虚心，要尊敬领导、团结同志，努力做毛泽东时代的好战士，做一个模范的共产党员。雷锋在日记中写道：首长的教导，我深深地印在脑海里。我一定要好好学习和工作，永远听党的话，听毛主席的话，跟党走，做毛主席的好战士。

同日 受到沈阳军区工程兵主任王良太接见。王良太送给他一套《毛泽东选集》，并在扉页上题词：**赠给雷锋同志：虚心使人进步，骄傲使人落后。祝我们共同进步，建设美好未来。**

★ 沈阳军区工程兵主任王良太将《毛泽东选集》赠送给雷锋

11月23日 被中共沈阳军区工程兵委员会授予"模范共青团员"称号①。

11月24日 沈阳军区副政治委员兼政治部主任杜平，在审阅雷锋先进事迹的报道稿时作出重要批示：雷锋同志的苦难，是整个阶级的、民族的苦难。在解放前受到像雷锋同志那样遭遇的人比比皆是。他只是千千万万受苦受难人中的一个。解放后，全国人民在党和毛主席的领导下彻底翻了身，正在建设美好、幸福的生活而忘我地劳动。可是，有的人竟在短短的11年中忘了本，身在福中不知福。因此，雷锋同志这种精神显得十分重要，值得学习。现将此材料印发军区部队，结合"两忆三查"运动进行教育。

注释：

① 在《授予雷锋同志模范共青团员称号的决定》中指出："雷锋同志是我们的一面旗帜，堪为我们的学习榜样。党委号召工程兵各级党组织、政治机关以及全体同志，立即开展一个学雷锋、赶雷锋的运动，使这一运动和'两忆三查'教育运动、增产节约运动紧密结合起来，学习雷锋同志的先进思想，提高阶级觉悟，做好党给的一切工作。"

11 月 26 日　沈阳军区机关报《前进报》第 1309 期用两个整版的篇幅，宣传雷锋的事迹。①

★ 沈阳军区《前进报》用两个整版篇幅宣传雷锋事迹

注释:

① 《前进报》一版发表了由张峻、赵志华、佟希文、李健羽集体采写的《毛主席的好战士》长篇通讯，刊登了军区副政委兼政治部主任杜平的重要批示手记，报道了沈阳军区工程兵党委决定授予雷锋同志"模范共青团员"称号的消息，配发了《不忘过去，发愤图强》的社论，刊登了由同连战友范世绅撰写的《回忆雷锋和我的一次谈话》的署名文章，在一、二版内刊登了雷锋的 4 幅照片。

11月27日　出席工程兵工兵第十团在抚矿机修厂俱乐部召开的全团年终总结、立功授奖大会。韩万金在会上宣布了沈阳军区工程兵党委授予雷锋为"模范共青团员"称号的决定。雷锋代表立功人员讲话，还提出了5条具体保证[①]。

注释：
***
①5条具体保证内容为：

1.听党的话，听毛主席的话，努力学习毛主席著作，做毛主席的好战士。

2.继续努力，不怕困难，学习好政治、军事、文化、技术，保证成绩优秀。

3.工作上处处带头，保证搞好团结，帮助好同志，做到见先进就学，见困难就上，见方便就让。

4.严格遵守部队一切纪律，服从命令听指挥。

5.发扬艰苦朴素，勤俭节约的优良传统，不乱花一分钱，不乱买一寸布，不掉一粒粮，做到省吃俭用，点滴积累，支援国家建设。

同日　出席全团年终总结、立功授奖大会后，雷锋在日记中写道：在今天的授奖大会上，工程兵党委授予我"模范共青团员"的光荣称号……我真感到十分惭愧。我为党做的工作太少了，仅仅尽了一点点本身应尽的义务，党和人民却给了我这么大的荣誉。我是慈祥的母亲——中国共产党哺育大的，要是没有党和毛主席，就没有我的一切。今天我所取得的这一点点成绩，应归功于不断培养教育我成长的党和毛主席，应归功于热情帮助我进步的同志们……

11 月 29 日　被评为沈阳军区"五好战士"。沈阳军区政治部向雷锋颁发了荣誉证：雷锋同志，在建设现代化革命军队的事业中，积极工作，努力学习，被评为五好战士。特发此证以载荣誉事迹，并望继续获得新的荣誉。中国人民解放军沈阳军区政治部。

11 月　应沈阳军区《民兵之友》杂志编辑部邀请，在沈阳军区政治部北院拍摄了一张手持钢枪的照片。

12月1日　沈阳军区机关报《前进报》用一个版面的篇幅，以《听党的话，把青春献给祖国》为题，发表了雷锋 1959 年 8 月 30 日至 1960 年 11 月 15 日的 15 篇日记摘抄，并加了编者按语。

12月上旬　从 12 月 3 日当日起到 12 月 10 日，《前进报》连续发表 11 篇介绍雷锋先进事迹的文章。

12月6日　受邀到吉林舟桥部队作报告。

同日　赠送照片给宣传干事赵盛治，在照片背面写下赠言：**让我们革命友谊之花朵，永远盛开。**

12月7日　由工程兵舟桥第八十一团政治处干事季道逵陪同到吉林给部队作忆苦思甜报告。[①]

同日　去吉林部队作报告返回途经长春时，在长春市人民广场苏军烈士纪念塔前留影。

注释：

①为广泛宣传雷锋先进事迹，军区工程兵政治部把季道逵抽调到军区工程兵机关，负责绘制雷锋事迹幻灯片和连环画，并陪同雷锋到部队作忆苦思甜报告。早晨，雷锋与季道逵一起乘坐火车，由舟桥部队的驻地吉林市返回沈阳军区工程兵政治部。

12月8日　就确立什么样的人生观，在日记中表达了自己的见解：一个革命者，当他一进入革命的行列的时候，首先要确定坚定不移的革命人生观。树立这样的人生观，就必须注意培养自己的思想道德品质，处处为党的利益、为人民的利益着想，具有大公无私、舍己为人的风格，能够为党的利益、为集体的利益不惜牺牲自己的利益，否则就是个人主义者……

12月9日　由沈阳军区工程兵政治部宣传处助理员洪建国陪同，赴军区所属工程兵部队和旅顺海军基地作巡回报告。他们由沈阳出发乘火车到大连，再换车去旅顺，在等车期间，雷锋邀请洪建国在大连商场摄影部拍了一张合影照片。

★ 雷锋与洪建国合影

同日　穿冬军装拍照留念。

12月13日　《辽宁日报》以《红色战士雷锋》为题，转载《毛主席的好战士》并配发短评。

12月15日　应邀到沈阳军区后勤部作报告，战士王茂春请雷锋在笔记本留言，他写给王茂春的留言是：**愿你作暴风雨中的松柏，不愿你作温室中的幼苗。**

12月18日　阅读毛泽东著作《和美国记者安娜·路易斯·斯特朗的谈话》后，雷锋写下了学习体会：**……通过这篇文章的学习，使我知道了帝国主义和一切反动派都是纸老虎。看起来，反动派的样子是可怕的，但实际上并没有什么了不起的力量。从长远的观点看问题，真正强大的力量不是属于反动派，而是属于人民。美帝国主义想拿原子弹来吓倒我们，是决办不到的。历史证明了帝国主义和一切反动派都是纸老虎……**

12 月 21 日　雷锋手持钢枪的照片刊登在 1960 年第 18 期《民兵之友》杂志封面，该期杂志上还发表了雷锋应《民兵之友》之约撰写的文章《做毛主席的好战士》，并选登了 4 篇雷锋日记。

12 月 24 日　参加抚顺钢厂建设的任务结束。与 7458、7083 部队汽车排的战友合影留念。

12 月 26 日　《解放军报》以《一株苗壮的新苗》为题报道雷锋事迹。

12 月 28 日　在日记中写道：……我在党和毛主席的不断哺育和教导下，健康地成长起来。由于政治觉悟的不断提高，树立了为共产主义而奋斗的大志，在工作和学习中取得了一点点成绩，这应该归功于党，归功于帮助我的同志们。我一定永远牢记毛主席的教导，永远做群众的小学生。

本年　在日记中写道：革命需要我烧木炭，我就去做张思德。革命需要我去堵枪眼，我就去做黄继光。

● 雷锋作品（1960）

在工兵第十团欢迎新兵大会上的发言

（1960年1月8日）

敬爱的首长和全体老大哥同志们：

你们好！

首先让我代表新战士讲话。我们这些新战士，能在60年代刚刚开始的日子里，穿上军装，扛起枪杆，真有说不出的高兴。我们当中有工人，有社员，也有学生，来自四面八方，可我们只有一个心眼，学好本领，保卫祖国，当个像样的兵，做毛主席的好战士。（听众鼓掌）

刚才团首长讲话，希望我们争当一个模范战士，依我说，有党的领导，有老同志们的帮助，我们大家都要有一百个信心保证当上！（众笑）

你们笑什么呀，我讲的是实话。

1961 年
― 二十一岁 ―

1月1日 在沈阳军区《前进报》上发表《永远做毛主席的好战士》一文。

同日 在日记中写道：1960 年已过去了，新的 1961 年在今天已开始，今天我感到特别的高兴。入伍一年来，我在党和首长的培养教导下，由于同志们的帮助，我学会了很多军事技术知识。……在政治上也有很大的提高，特别是学习毛主席著作后，心里变得明亮了，思想和眼界变得更加开阔和远大了，干劲越来越足。……

1月5日 下午1点30分左右，在军区工程兵政治部干事董长胤陪同下来到辽宁省实验学校作学习毛主席著作经验的报告。

同日　《听党的话，把青春献给祖国》——雷锋日记摘抄被《前进报》选用，《前进报》给雷锋发来贺信：

雷锋同志：您写的《听党的话，把青春献给祖国》一稿，已在本报1311期刊用，并被评为乙级红旗稿件，特此祝贺！希望你继续为本报积极写稿。

★ 沈阳军区《前进报》报社给雷锋的贺信

1月16日 《解放军画报》第二期以《苦孩子，好战士》为题报道雷锋事迹。

1月18日 在日记中写道：在我们前进的道路上，不可能不遇到一些暂时的困难，这些困难的实质，"纸老虎"而已。

问题是我们见虎而逃呢，还是"遇虎而打"？

"哪儿有困难就到哪儿去，"——不但"遇虎而打"，而且进一步"找虎而打"，这是崇高的共产主义风格。

同日 给王平等战友写信：……入伍一年来，由于党和首长对我的培养教导，战友的热情帮助，使我提高了政治觉悟。因此学习和工作做出了一点点成绩。特别是 1960 年 11 月 8 日，是我永远不能忘记的日子，这天我光荣地加入了伟大的中国共产党！……让我们共同携起手来，发奋图强，艰苦奋斗，响应党的增产节约的号召，克服目前的困难，争取在 1961 年做出更大更好的成绩。让我们更高地举起毛泽东思想红旗，为保卫祖国，建设社会主义，实现共产主义社会而奋勇前进吧！

1月24日　写下散文《苦甜观》。

1月29日　工程兵工兵第十团忆苦思甜大会在望花区北河岸的杨树林里召开，吴海山、韩万金等团领导和1000多名官兵以及部分家属参加了大会，雷锋在大会上作忆苦思甜报告。

1月　致信抚顺市望花区建设街小学全体少年朋友。在信中写道：亲爱的少先队员同学和全体少年朋友们：我于本月初，离开了抚顺来到军区，因为时间紧迫没能来得及向小朋友告别，请小朋友多加原谅，我很想你们，但我的工作很忙，又不能马上回去看你们，因我要先后到大连、营口、辽阳、哈尔滨等地去作报告，等我回来的时候要拿我的工作成绩见你们，你们也要拿优秀的学习成绩向党汇报，咱们要比比看谁的成绩最大。小朋友们，你们要好好学习，天天向上，听党的话，做毛主席的好孩子。最后祝全体少先队员同学们、全体小朋友们学习进步！生活愉快！身体健康！大朋友——雷锋。

2月2日 赴海城作报告途中，把自己的手套送给一位老太太。并在日记中进行了记录：今天我从营口乘火车到兄弟部队作报告（新旧社会对比的报告），下车时，大北风刺骨地刮，地上盖着一层雪，显得很冷。我见到一位老太太没戴手套，两手捂着嘴，口里吹一点热气温手。我立即取下了自己的手套，送给了那位老太太。她老人家望着我，满眼含着热泪，半天说不出话来。……一路上，我的手虽冻得像针扎一样，心中却有一种说不出的愉快。

同日 拍下挑灯夜读的照片。

2月3日 上午为海城驻军炮十一师（董存瑞生前所在部队）作了一场报告，下午同董存瑞生前战友、全国战斗英雄郅顺义会面，并听郅顺义讲董存瑞舍身炸碉堡的英雄事迹。他在日记中写道：……董存瑞英雄是我永远学习的好榜样，我一定要为党和阶级的崇高事业，随时准备牺牲自己的一切，直至生命。……董存瑞和郅顺义两英雄的事迹，深深地教育了我，给了我莫大的鼓舞和无穷的力量，我一定要时刻用这些英雄的事迹来鞭策自己，永远忠于党，忠于人民。

同日 给郅顺义写下了赠言。

赠给：敬爱的老英雄，您是我永远学习的榜样，我请您多多教育，并使我不断前进。

2月14日（除夕） 连队举行春节联欢会，雷锋邀请抚顺市望花区本溪路小学部分学生共同参加。

2月15日（农历正月初一） 早上，应邀到吴广信家，与来部队探亲的吴广信爱人和孩子一起吃饺子过年。

同日 早饭后，背着粪筐、拿着铁锹走出营房去捡粪，将捡来的三百来斤粪，送到了抚顺市望花区工农人民公社，并给公社党委和社员写了一封新年贺信。

2月16日 连队给每个战士发了1斤苹果，他用手绢包起来放进挂包里。下午3时许，他拿着这1斤苹果，连同一封写好的慰问信，一并送到了抚顺市西部职工医院。

2月17日 积粪送给望花区工农人民公社。在日记中写下此事：……春节五天假期过完了，19号就要开始冬训。为了响应党的号召，支援农业第一线，争取今年农业大丰收，我还是去多积点肥，支援人民公社。……到了下午2点钟，我捡了满满一车粪，送给了望花区工农人民公社……

★ 雷锋利用春节假期为生产队捡粪拾肥

2月20日　在张峻的陪同下，乘火车前往驻扎在吉林省四平市的 6305 部队，专程访问学习毛主席著作标兵连一营三连及连指导员廖初江，廖初江在他的笔记本上为他题写了赠言。同时，张峻还给他们拍了合影。他把这次会面记在了当天的日记里。

★ 雷锋和廖初江的合影（摄影：张峻）

2 月 21 日　早晨，在廖初江的陪同下到三连参观。访问了三连战士中成立最早的学习毛主席著作小组。晚上，三连革命军人委员会举行欢迎晚会，他和廖初江在晚会上互赠纪念品，并互相题字留念。廖初江离别时送给他一套《毛泽东选集》，并为他戴上毛主席像章。

★　学习毛主席著作标兵廖初江向来访的雷锋赠送《毛泽东选集》，并为雷锋戴上毛主席像章（摄影：张峻）

3月2日 工程兵工兵第十团收到中共抚顺市工农人民公社写来的对雷锋的感谢信。①

3月3日 在日记中写道：……我是人民的子弟兵，一定要永远牢记党和毛主席的教导，无论什么时候都要关怀、爱护人民群众的利益，为人民群众的利益而战斗不息……

注释：

①7343部队首长：兹有你部战士雷锋同志，在春节假日期间没休息，不辞辛苦地到处捡粪，共达800多市斤，无代价地从两公里远的地方送来我公社，支援大办农业大办粮食。雷锋同志执行党的以粮为纲的实际表现，是值得学习和表扬的。雷锋这种高尚的品德，是和党的培养、你部的教育分不开的，因此我公社党委对你部和雷锋同志高尚品德表示衷心敬佩和感谢！

3 月 4 日　收到连长虞仁昌代表部队发的一支新枪，在日记中写道：……人民给我这支枪，我一定要好好保管和爱护，向党和人民保证，决心勤学苦练，一定要练出真正的硬本领，决心捍卫我们社会主义建设，保卫我们伟大的祖国，随时准备给侵略者致命打击。这支枪是我的，是革命给我的！要想从我这里夺去，我宁愿战斗而死！对党和人民要万分忠诚，对敌人越诡诈越好。

3 月 12 日　给第三炼钢厂设备车间钳工张凡吉写信。信中说：……我们都是阶级弟兄，让我们共同地携起手来，互相帮助，互相学习，在党和毛主席的哺育下，更健康地成长进步。……

3 月 13 日　送给运输连战友梁天义《正确对待入党问题》一书，并在封面上题写：希望你好好学习此书，加强锻炼，争取入党。

3 月 16 日　在日记中写道：世界上最光荣的事——劳动。世界上最体面的人——劳动者。

3 月 20 日　收到辽宁省大连市复县四中高中三年三班全体同学的来信。

　　3月21日　下午到抚顺市望花区建设街小学看望小朋友，并与学校大队辅导员赵桂珍老师交流工作。临走时雷锋送给全体少先队员一张紧握冲锋枪的照片，并在照片背面题了字：**赠给建设街小学的全体少先队员：让我们革命友谊之花朵永远盛开。**

★　雷锋送给建设街小学少先队员一张照片，并在照片背面题字

3 月 26 日　星期天休息，与战友于泉洋合影纪念。

★ 雷锋与战友于泉洋合影

　　3 月下旬　在抚顺钢厂执行运输任务之余，发动几名战友捡了 5 车废砖，用汽车拉到学校，支援抚顺市望花区建设街小学修建学校围墙和校内花坛。

3月 在日记中写道：什么是时代的美？战士那褪了色的、补了补丁的黄军装是最美的，工人那一身油渍斑斑的蓝工装是最美的，农民那一双粗壮的、满是厚茧的手是最美的。劳动人民那被烈日晒得黝黑的脸是最美的，粗犷雄壮的劳动号子是最美的声音，为社会主义建设孜孜不倦地工作的人的灵魂是最美的。这一切构成了我们时代的美。如果谁认为这并不美，那他就是不懂得我们的时代。

4月2日 给母校荷叶坝完全小学写了一封信。①

4月中旬 抚顺市即将召开第四届人民代表大会，团领导研究后，决定推荐雷锋为全团唯一候选人，在全团施工动员大会上，1000多人举手表决，一致同意推荐他为抚顺市第四届人民代表候选人。

注释：

①敬爱的母校老师及亲爱的全体同学们，你们都好吗？让我们紧紧地握手吧！……为了更好地请老师们多指教及同学们多帮助，因此，我把自己的一切情况，简单地向你们汇报一下……我每一点微小的成绩和进步，都是党培养教育、同志们帮助的结果，是和母校老师们的耐心教育分不开的。……我有千言万语想向你们汇报，可是因我今天太激动、太高兴了，不知说啥好……

4 月 15 日 在日记中写道：……共产党所以能够领导人民群众，正因为，而且仅仅因为，它是人民群众的全心全意的服务者，它反映人民群众的利益和意志，并努力帮助人民群众组织起来，为自己的利益和意志而斗争。

同日 被聘为抚顺市望花区本溪路小学（今抚顺市雷锋中学）少先队校外大队辅导员兼五年四班中队辅导员。

4 月 16 日 拒绝了战友们看电影的邀请，拿着铁锹来到了李石寨人民公社万众生产大队，和农村社员们一起翻地，并在当天写下日记：……我真正懂得了群众的力量能移山填海，只有群众的力量是无穷无尽的，一个人的力量总是沧海一粟。我决心永远和群众牢牢地站在一起，为人类最美好幸福的生活而斗争。

4 月 17 日 参加运输连召开的党团员积极分子大会，并写下日记：……我家里很穷，父、母、哥、弟都死在民族敌人和阶级敌人的手里。这血海深仇，我永远铭记在心。解放后，伟大的共产党拯救了我，党像慈父般地哺育和教育着我。从解放的那天起，党和毛主席便成了我心上的太阳；对阶级敌人更加憎恨。……

4月19日　《中国青年报》刊登了介绍雷锋先进事迹的文章《苦孩子——好战士》。

4月23日　上午10时15分，与记者董哲、张峻一同从沈阳乘火车去旅顺给海军部队作报告，乘火车时给老大娘让座，帮乘务员清扫车厢照顾旅客，并在当天日记中写道：……旅客们有事都找我，但我并不感到麻烦，反而觉得荣幸。

4月24日　在日记中写道：……为了党和人民的事业，我总想多贡献一点力量，那些个人的军衔级别，我真没时间考虑。

4月27日　上午在旅顺海军舰艇上为海军官兵作忆苦思甜报告。

同日　下午1时，乘火车由旅顺返回沈阳。

★ 在旅顺海军舰艇上作忆苦思甜报告（摄影：张峻）

4月28日 在日记中写道：现在，我们国家处于困难时期。我们是国家的主人，应该处处为国家着想，事事要精打细算，不能今朝有酒今朝醉，明日愁来明日忧。我们要奋发图强，自力更生，克服当前存在的暂时困难，坚决反对大吃大喝，力戒浪费……

4月29日 出席沈阳军区工程兵部队第六届共产主义青年团代表大会。

4月 在团代会上发言：……毛主席著作对我来说好比粮食和武器，好比汽车上的方向盘。人不吃饭不行，打仗没有武器不行，开车没有方向盘不行，干革命不学习毛主席著作不行！……

4月30日 司务长蔡云按规定给雷锋发两套单军衣和两套衬衣，雷锋只各领一套，把剩下的那套交回给司务长。

4月 在日记本上写下诗歌《跟着党走》：随着太阳不会挨冻，跟着党走不会迷路。随着太阳就有温暖，跟着党走就有幸福。

4月 在日记中写道：挤时间读书：早起点，晚睡点，饭前饭后挤一点，行军走路想着点，外出开会抓紧点，星期假日多学点。如果不积累许多个半步，就不能走完千里。

★ 雷锋与司务长蔡云合影

5月1日　打扫营房卫生后又帮助炊事班洗菜、切菜、做饭，之后阅读《王若飞在狱中》这本书，在日记中写下读书心得：……和千千万万受剥削受压迫的劳动人民一样，在旧社会里，我家也受尽了旧制度的折磨和凌辱……解放了，我才脱出苦海见青天！革命前辈用生命和鲜血拯救了我，伟大的共产党和毛主席拯救了我……我要永远听党的话，永远不忘过去，为了共产主义事业，要像王若飞同志那样，永生战斗！

同日　与司务长蔡云合影。

5月2日　在日记中写道：我在《前进报》上看到了共产党员郑春满同志舍己救人的英雄事迹后，感动得流了眼泪，……我要学习他那舍己为人的精神，为共产主义奋斗终生。

5月3日 早晨，去抚顺出差途中，冒雨送大嫂与她的两个孩子回家。①

同日 看到一位同志做了件损公利己的事，当即对这个同志进行了制止和批评。在当天的日记中写道：……革命的利益高于一切，处处为集体利益而不惜牺牲个人的一切。

5月4日 在日记中写道：党和毛主席救了我的命，是我慈祥的母亲。我为党做了些什么？当我想起党的恩情，恨不得立刻掏出自己的心。当我想起我所经历的一切太平凡了的时候，我就时刻准备着：当党和人民需要我的时候，我愿意献出自己的一切。

5月5日 《人民日报》刊登了介绍雷锋成长历程和先进事迹的文章——《苦孩子成长为优秀人民战士》。

注释：

①早晨，雷锋冒着大雨从抚顺去沈阳出差，在去抚顺车站的路上，看见一个大嫂带着两个孩子在雨中艰难行走。雷锋急忙跑上前去，脱下自己的雨衣，披在背着孩子的大嫂身上，又背起另外一个小女孩一同到了车站。了解到他们也是搭车去沈阳后，雷锋决定和他们一起乘车，看到小女孩全身湿透了，他把自己没淋湿的贴身绒衣脱下来，给孩子穿上，还把自己带的3个馒头送给了她们。列车到达沈阳后，他不顾肚子饿，又把她们母子三人一直送到了家。

★ 雷锋与调出运输连的两位战友合影

5月7日　与调出运输连的2位战友合影留念。

5月9日　与4名战友合影。

5月14日　被任命为运输连四班副班长。写下日记：……今天提升我当副班长，完全是党对我的高度信任和大力的培养。我决心不辜负党和首长对我的期望。从今天起，我要更好地听党和首长的话……

5月20日　学会理发并为战友义务理发。①

注释：

①因部队工作、训练和学习非常紧张，战士们甚至连上街理发的时间也很难抽出来。根据这种情况，连队买了理发工具，发到各排自己想办法解决战士们理发难的问题。雷锋主动担任义务理发员，一连几天，他午休不睡觉，鼓足勇气走进驻地附近的理发店，向老师傅请教、学习。经老师傅的指导和帮助，他终于学会了理发，并经常帮助战友理发。

5月25日　应邀到抚顺市朝鲜族学校作报告。并为少先队副大队长金光玉写下赠言：**金光玉同学：希望你好好学习，好好工作，练好身体，永远做毛主席的好学生。**

★ 雷锋在抚顺市朝鲜族中学作报告后与老师们的合影

5 月 26 日 收到抚顺市选举委员会签发的第 306 号当选证书：雷峰（锋）当选为抚顺市四届人民代表大会代表。

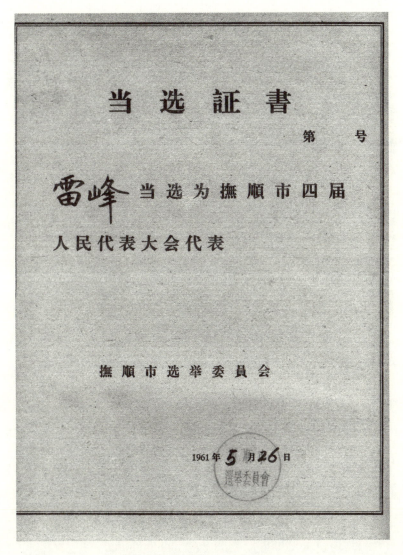

★ 雷锋当选为抚顺市第四届人民代表大会代表的证书

5月27日　到抚顺市第十中学给全校师生作报告。

5月31日　到望花区建设街小学参加少先队活动。活动结束后，大队体育委员张仕文、五年二班中队长周尚义送雷锋回运输连驻地。到营房后，他赠送给两名学生每人一本图书。送给周尚义的书为蒋秦峰所著的《在毛主席周围》，还在扉页上题了字：**赠给：周尚义同学。雷锋。**

夏　在沈阳军区工程兵政治部宣传处王炳库助理陪同下，第二次到四平市，分别在铁东区原坦克三师北山军营俱乐部和铁西区原坦克三师俱乐部作了两场忆苦思甜报告。期间，再次与廖初江见面。

6月1日　晋升为下士军衔。

6月4日　写信给冯健，随信寄了一张正在擦洗汽车的照片，并在照片背面写下：**冯健姐姐，我永远向你学习，为共产主义奋斗终生。**

同日　给天津市红桥区西于庄小学六年级学生曹进财等9名同学回信，随信寄去一张擦洗汽车的照片。

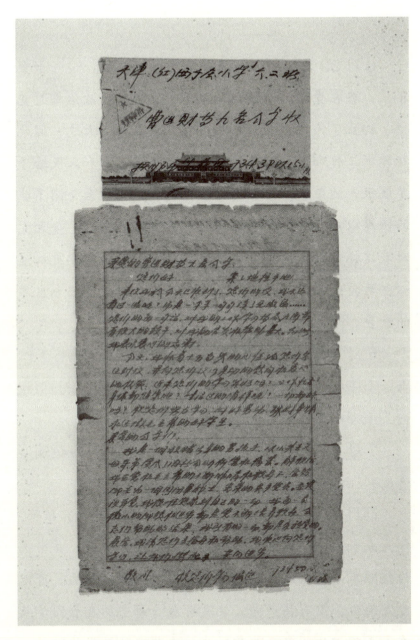

★ 雷锋写给天津市红桥区西于庄小学六年级学生曹进财等 9 名同学的回信

6月29日　写下一篇勉励自己的日记：……十多年来，我在党的不断培养和教育下，提高了政治思想觉悟、树立了为共产主义事业奋斗到底的雄心大志，因此在各项工作和学习中取得了一点点成绩，党和人民给予了我很大的荣誉。自从去年各报刊和广播电台介绍了我的情况以后，收到了全国各地许多青年的来信。今天党对我这样信任，同志们对我这样尊重，我一定要更加虚心，尊重大家，努力学习，忘我工作，时时牢记毛主席的教导，永远做一个人民的小学生。

6月　中国青年出版社编辑出版《青年的榜样》一书，书中转载了1961年4月29日《中国青年报》上刊登的雷锋事迹文章《五好战士——雷锋》。

7月1日　与薛三元、张兴吉等3名同志在运输连连部参加连队党支部举行的入党宣誓仪式。

同日　在日记中写道：……我，一个孤苦的穷孩子，今天成长为一个解放军战士、光荣的共产党员，并当选为抚顺市人民代表，这一切是我做梦也想不到的。可以肯定地说，没有共产党，就没有我。每当朋友和同学及许多不相识的同志来信称赞我，羡慕我的进步的时候，我就感到很不安。我像一个学走路的孩子，党像母亲一样扶着我，领着我，教会我走路。我每成长一分，前进一步，这里面都渗透着党的亲切关怀和苦心栽培。……

7月27日 收到抚顺市人民委员会的开会通知：市人民代表雷峰（锋）同志：兹定于7月31日上午8时在抚顺宾馆召开第四届人民代表大会第一次会议，会期预计4天，希望7月30日午后3时前到抚顺宾馆报到。如有提案请随身带来为盼。

7月28日 晚上7时，应邀参加沈阳军区工程兵政治部宣传处助理员洪建国和沈阳和平区同泽学校教师杨玉兰的婚礼，在洪建国夫妇"新婚至禧"的绸布中留下"雷锋"两个字。

7月29日 收到抚顺市人民委员会发来的《关于延期召开市人民代表大会的通知》：抚顺市第四届人民代表大会第一次会议原订于7月30日报到，31日开会，现延迟于8月3日召开，2日午后3时前报到。大会地址仍设在抚顺宾馆，其他有关事宜不变，请届时参加会议。

特急件
⊙⊙⊙

抚（61）办王字第124号

辽宁省抚顺市人民委員会文件

关于延期召开市人民代表大会的通知

各代表、有关局：

抚顺市第四届人民代表大会第一次会議原訂于7月30日报到，31日开会，现延迟于8月3日召开，2日午后3时前报到。大会地址仍設抚顺宾館，其他有关事宜不变，請届时参加会議。

1961年7月29日

抄送：市委办公室、抚顺日报、电台。

★ 辽宁省抚顺市人民委员会下发的《关于延期召开市人民代表大会的通知》

8月1日　在参加抚顺市人民代表大会前，到照相馆拍下一张照片。照片上身穿军装，胸戴奖章，手持材料袋。

★ 参加抚顺市第四届人民代表大会期间的留影

8月2日　午后到抚顺宾馆报到，参加抚顺市第四届人民代表大会。抚顺市第四届人民代表分为13个小组，雷锋被分在第三小组。

8月3日　出席抚顺市第四届人民代表大会第一次会议，听取市长王海之作的《抚顺市人民委员会工作报告》，副市长赖国安作的《关于1960年财政决算和编制1961年财政收支意见的报告》，法院院长史永和作的《抚顺市中级人民法院工作报告》。在日记中写道：**今天是我永远不能忘记的日子，我光荣地参加了抚顺市第四届人民代表大会第一次会议……像我这样一个给地主放猪出身的穷孩子，能够参加这样的大会，心里有说不出的高兴和感激。**

8月4日　参加人民代表大会第三小组讨论会，讨论市长、副市长和法院院长在大会上的报告。

8月5日　在抚顺市第四届人民代表大会上发言。

同日　会议休息时，在文件袋上写了一首诗《参加市人代会有感》：**过去当牛马，今天做主人。参加代表**

会，讨论大事情。人民有权利，选举自己人。掌握刀把子，专政对敌人。衷心拥护党，革命永继承。哪怕进刀山，永远不变心。

8月6日 参加抚顺市第四届人民代表大会表决，大会通过了3个报告和相关决议。

8月7日 把人代会慰问代表的1斤苹果转送给了住在卫生连的伤病员同志，在日记中写道：……自己虽然没吃着，但是心里比吃了这斤苹果还要甜十分。

8月 被任命为沈阳军区工程兵工兵第十团技术营运输连二排四班班长。

8月 到佳木斯给入伍适龄青年做了多场报告。

9月9日 到抚顺七百储蓄所办理一笔100元定期存款，存折号码是"6751"。

9月10日 运输连二排排长陈洪波找他谈话，他写下日记：……今天我是一个班长，对于战士的反映和意见，丝毫不能轻视，一定要坚决克服缺点，做好工作。排长要我抓紧时间努力学习，提高政治觉悟和技术水平。这些好话，牢记心间，照着去做，定能进步。

同日 在自我鉴定中写道：工作和学习的关系就像点灯加油一样：点灯如果不加油，就会变得黯淡无光，只有不断地加油，灯才会明亮。人只有不断地努力学习，才不会迷失方向，做好工作，否则就会落后，甚至犯错误。

9月11日 应河南省巩县（今巩义市）驻驾庄公社干沟民办小学李知伦老师来信请求，将自己积攒的津贴费100元寄给了干沟小学，并在日记中写道：人民的困难，就是我的困难，帮助人民克服困难，贡献自己的一点力量，是我应尽的责任。我是主人，是广大劳苦大众当中的一员，我能帮助人民克服一点困难，是最幸福的。

9月19日　向连队党支部提交入党转正申请书。①

★ 雷锋向连队党支部提交的入党转正申请书

注释：

① （转正申请书节选）我从去年11月8号入党后，激动的心情一直没有平静过。天天想，日日盼，总想转正的那天早日到来。……我懂得了一滴水，只有放进大海里才永远不会干，一个人只有和阶级结合在一起，才能最有力量……我决心继续努力，永远站在无产阶级立场上，永远忠于党，忠于人民。思想上要求准备战斗，准备在自己碰到最恶化的条件的时候，要为党为人民的事业贡献出自己的一切。缺点：因工作的需要，经常外出汇报，在生活上形成了一种自由散漫的作风。……很少参加党的组织生活，也没有经常向组织汇报自己的思想工作和学习情况。对同志的帮助不够，没能经常进行谈心活动……

9月20日　在日记中写道：我在哨所周围来回走动，脑子里一个转又一个转地想着，汽车、油库、国家的许多财产、全连的安全，都掌握在卫兵的手里，如果麻痹大意，不提高警惕，万一敌人破坏，那将给国家和人民造成多大的损失。我感到自己责任的重大。……

9月22日　参加连队学习后写下日记：……一个人活着，就应该像白求恩同志那样，把自己的毕生精力和整个生命为人类的解放事业——共产主义全部献出，我要永远站在无产阶级的立场上，永远忠于党、忠于人民、忠于保卫祖国和世界和平的伟大事业，做一个真正的共产主义革命战士。

9月30日　晚上在班务会上提出，为庆祝新中国成立12周年，建议国庆节当天大家去做点有意义的事情，其他人表示同意。

10月1日 早饭后带着全班战友到驻地附近的瓢儿屯火车站清扫卫生，照顾旅客。①

同日 在日记中写道：今天是国庆节，我格外的高兴。在这伟大的节日里，我加倍地惦记着英明的领袖——毛主席。……我要以坚强的毅力，忘我的劳动，刻苦学习，做好工作，争取见到毛主席。

注释：
_____

①早晨向连领导汇报了全班当天的行动计划，得到了连长虞仁昌的赞许。早饭后带着全班战友肩扛清扫工具，排成两列纵队，迈着整齐的步伐向瓢儿屯火车站出发。到车站找到站领导说明来意后，就对全班具体布置任务。大家按各自分工扫的扫，推的推，拾的拾，干得热火朝天。每当有客车进站时，大家有的扶老携幼，有的帮拿东西，有的帮站务员检票。一上午的时间，把车站内外打扫得干干净净。

10月2日 和连长虞仁昌谈话后，在日记中写下感想：……连长的话给了我很大的教育和启发，使我懂得了一个人只有和集体结合在一起才能最有力量。今天我发动了全班的同志打扫卫生，由于大家一齐动手，很快就把室内室外打扫得干干净净，事实证明连长的话是正确的。今后我无论做什么，一定要走群众路线，依靠群众，发动群众，团结群众，一道为社会主义建设和实现共产主义而贡献力量。

10月3日 在日记中写道：人生总有一死，有的轻如鸿毛，有的却重如泰山。我觉得一个革命者活着就应该把毕生精力和整个生命为人类解放事业——共产主义全部献出。我活着，只有一个目的，就是做一个对人民有用的人。当祖国和人民处在最危急的关头，我就挺身而出，不怕牺牲。生为人民生，死为人民死。

10月8日 在报纸上读到鲁迅的诗，在日记中写下感想：……我坚决要按照鲁迅的那两句诗去做："横眉冷对千夫指，俯首甘为孺子牛。"对敌人要狠，要像严冬一样残酷无情；对党、对人民要忠诚老实，永远忠于党，忠于人民，做党和人民的驯服工具。

10 月 10 日　在日记中写道：**我觉得一个真正的革命者，他是大公无私的，所作所为，都是对人民有益的，他的责任是没有边的……**

10 月 12 日　把一个新日记本送给了四班战士佟占佩。并在日记中写道：**……永远愉快地多给别人，少从别人那里拿取。这种共产主义精神，我要在一切实际行动中贯彻……**

10 月 13 日　帮助班里一位战友洗衬裤和袜子。

10 月 15 日　给班里的同志洗褥单、补被子，协助炊事班洗白菜并打扫卫生。在日记中写道：**……我觉得当一名英雄是最光荣的。今后还应该多做一些日常的、细小的、平凡的工作，少说漂亮话。**

10 月 16 日　在日记中写道：**高楼大厦都是一砖一石砌起来的，我们何不做这一砖一石呢！我所以天天都要做这些零碎事，就是为此。**

10 月 17 日　利用休息时间到连队厕所掏粪，将厕所打扫干净。在日记中写道：**……人家开玩笑地说我是一个大粪夫。我觉得当一个大粪夫是非常光荣的。1959 年参加北京群英会的时传祥同志，不就是一个掏大粪的工人么？我要是能够当一个这样的大粪夫，那该多荣幸啊！**

10月18日　在日记中写道：……站岗是党和人民交给我们的一项光荣而艰巨的任务。每次轮到我站岗的时候，不管是白天或黑夜，烈日或严寒，我总是很愉快地去执行了。这是因为我时刻想到：我们是伟大的中国人民解放军，是祖国的保卫者，是人民最可爱的人。

10月19日　在日记中写道：……一块好好的木板，上面一个眼也没有，但钉子为什么能钉进去呢？这就是靠压力硬挤进去的，硬钻进去的。由此看来，钉子有两个长处：一个是挤劲，一个是钻劲。我们在学习上，也要提倡这种"钉子"精神，善于挤和善于钻。

★ 雷锋日记手稿

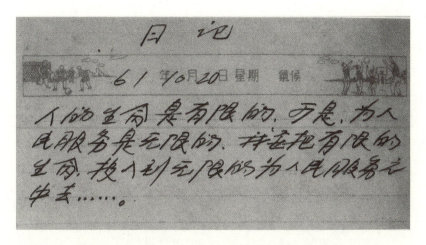

★ 雷锋日记手稿

10 月 20 日 在日记中写道：人的生命是有限的，可是，为人民服务是无限的，我要把有限的生命，投入到无限的为人民服务之中去……。

11 月 17 日 收到解放军报社致函，被聘请为该报社通讯员。

11 月 20 日 荣立三等功1次。沈阳军区政治部颁发三等功喜报：雷峰（锋）同志在建设现代化革命军队的事业中，积极工作，努力学习，业经批准记三等功一次，这是他个人的光荣，也是全家的光荣，特此报喜。

11 月 22 日 赠给沈阳军区党委书记、工程兵主任王良太少将一张照片，并在照片背面题字：赠给敬爱的首长，我一定永远听党的话，听毛主席的话，听首长的话，永远忠于党，忠于人民，做毛主席的好战士。

11月26日　在日记中写道：我学习了《毛泽东选集》一、二、三、四卷以后，……我觉得自己活着，就是为了使别人过得更美好。我要以黄继光、董存瑞、方志敏等同志为榜样，做一个热爱祖国、热爱人民，永远忠于党、忠于人民革命事业的人。

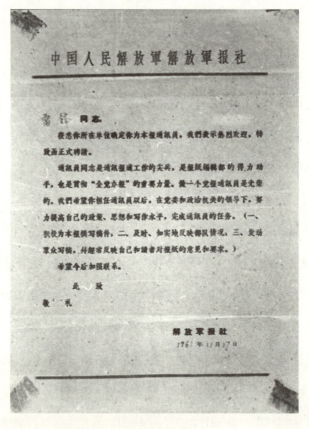

★ 解放军报社聘请雷锋为报社通讯员

★ 雷锋荣立三等功的喜报

11月27日 组织全班同志收玉米。①

12月2日 在日记中写道：我们做工作，定指标，提任务，都要照顾需要和可能两个方面，不仅看需不需要这样做，而且看能不能做到。需要做而且能做到的我们就坚决做，需要做但是做不到或暂时做不到的，就不做或暂时不做。

我们工作方法的特点是：也用纪律也用说服。……

要把中心工作和经常工作结合起来，工作一定要善于抓中心，像打仗一样，集中力量，打歼灭战。……

注释：

①下大雨时，雷锋看到连队车场上堆放了两堆玉米，虽然用雨布盖上了，还是被雨淋湿了不少。于是，他立刻组织全班同志冒雨收玉米，有拿大筐的，有拿麻袋的，大家装的装、抬的抬，很快就把2000多斤玉米搬进屋里，避免了玉米遭受雨水浸泡可能造成的损失。

12 月 20 日 用自己的棉帽衬给战友韩玉臣补棉裤。①

12 月 30 日 拿出自己攒的 10 元津贴费，还买了 1 斤饼干一并交给同班战友乔安山，让其带回家看望生病的母亲。在日记中写道：**……他的母亲就像我的母亲一样，他有困难，也等于是我的困难。我和他是阶级兄弟，应当互相帮助……**

本年 自制了一个书架，方便战友们随看随借。战友们把这个书架称为"小图书馆"，并编了一首快板诗赞扬它：**不用上书店，不用把腿跑，不用借书证，不用打借条。你要想看书，就把雷锋找。……小小图书馆，读者真不少，上至连长，下到小乔。小乔看不懂，雷锋把他找。念给他听，指给他瞧，两个小战士，团结得真好。**

注释：

①前一天晚上，运输连车辆紧急集合，战友韩玉臣在搬电瓶发动车辆时，匆忙中将电瓶水洒落在了衣服上，刚穿的一条新棉裤被腐蚀出几个大窟窿。当雷锋看到韩玉臣因找不到相同颜色的布补棉裤而着急时，就拆下自己用黄布做的棉帽衬，并把它洗净晾干。当战友夜里睡着时，他悄悄地用这块黄布把韩玉臣的棉裤给补好了。

● 雷锋作品（1961）

永远做毛主席的好战士

（1961 年 1 月 1 日）

我是一个在旧社会受尽阶级压迫和民族奴役的孤儿。解放后，在党和毛主席的哺育下，逐渐成长起来，并光荣地加入了中国共产党。我深深地感到，在我周身的每个细胞里，都渗透着党所给予的血液！

今后，我要更好地为党工作，认真读毛主席的书，听毛主席的话，按毛主席的指示办事。我决心在新的一年中，更深入持续地把毛主席著作学下去。初步计划在 1961 年学完《毛泽东选集》第四卷中《抗日战争胜利后的时局和我们的方针》等 9 篇著作，还要重读一、二、三卷中的有关著作。在学习中，我要做到联系实际，活学活用，用毛主席的思想来改造自己，把毛主席的思想真正学到手，永远做毛主席的好战士！

在抚顺市第四届人民代表大会上的发言

（1961 年 8 月 5 日）

敬爱的上级党委，亲爱的全体人民代表：

我是沈阳军区抚顺驻军 7343 部队的一名战士，像我这样一个在旧社会要饭的穷孩子，今天能够参加这样的大会，心里有说不出的高兴。但是我又感到很惭愧。

我高兴的是：有党和毛主席的英明领导，自己当了家，作了国家的主人，有了说话的权利。

我感到惭愧的是：自己是个大老粗，是个不懂事的孩子，为党做的事太少了，比起各位代表，我差得太远了。我有决心向大家学习，请代表们多多指导和帮助。

为了更好地接受党的教育，求得大家的帮助，我想在大会上表示一下自己的决心。首先，我完全同意和衷心拥护王市长、赖副市长、史院长所作的报告，并且坚决认真贯彻执行。

亲爱的全体代表：我是一个给地主放猪出身的穷孩子。今天，我能参加这样的大会，是我做梦也想不到的。在吃人的旧社会，我一家人都死在帝国主义、封建主义、官僚资本主义的手里。我的爸爸因被小日本鬼子抓去毒打成疾致死。我的哥哥给资本家做工，被机器轧伤致死。我那3岁的弟弟被活活饿死了。我的妈妈被可耻的地主奸污而死去。我7岁的时候，就成了一个无依无靠的孤儿。为了活下去，我只得给地主干活，吃不饱、穿不暖，天天挨打受骂。

解放后，党和毛主席救了我，不但给我吃的穿的，还送我上学读书。我高小毕业后，党又培养我当了技术工人。特别是我去年入伍后，由于党和部队首长对我的不断培养教育，同志们的帮助，不仅学会了一套保卫祖国的本领，而且大大地提高了政治觉悟，通过毛主席著作的学习，对问题的看法和认识，也更加清楚和明确了。

比如：去年我把几年来节约下来的 200 元钱，送给了人民公社，公社不肯收，我再三要求，才留下 100 元。去年 8 月，我在报纸上看到辽阳市遭到了特大洪水的灾害，我难过极了，心想我是人民的子弟兵，当人民遇到困难的时候，应该挺身而出，大力地支援，于是，我把公社未收下的那 100 元钱又寄给了辽阳市委并写信慰问了遭灾人民。

今天，我虽懂得了一点道理，我做了我应该做的一些事情，但是比起党对我的要求，还做得很不够。我决心继续努力，不断前进。几年来，由于党和人民对我的信任，给了我很大的荣誉，而且我在去年加入了光荣伟大的中国共产党。我每一点微小的成绩和进步，都是党和部队首长不断培养教育的结果，是和同志们的帮助分不开的。党是我最慈祥的母亲，我所有的一切，都应该归功于党。

回想过去，看看现在，使我更加地热爱党、热爱毛主席。

今天，我衷心地感谢党救了我的命，感谢党给了我无产阶级思想，感谢政府对我无微不至的关怀和照顾，感谢人民对我的爱护。

为了不辜负党和人民对我的要求和期望，以及在这次大会的鼓舞下，我决心鼓足更大的革命干劲，努力学习马列主义和毛泽东思想，更好地为人民服务，在今后的工作和学习中，争取更大的成绩。我一定要时刻提高革命警惕，握紧枪杆，保卫我们的社会主义建设，保卫我们的祖国。我要永远忠于党，忠于人民，忠于保卫祖国的伟大事业，做毛主席的好战士。

最后祝大会胜利成功，全体代表身体健康！

1962 年
— 二十二岁 —

1 月 1 日　在日记中写道：……在新的一年中，我决心继续努力，做各项工作中的红旗手，关心同志，关心集体，处处、事事、时时起模范带头作用……

1 月 11 日　参加连里组织的军事课，听教员讲解防原子武器的知识。

1 月 13 日　观看电影《洪湖赤卫队》，在日记中记录了观后感。①

注释：

① 今晚，我看了《洪湖赤卫队》电影，感到浑身是力量，我激动的心情像大海的浪涛一样，总也不能平静。共产党员——韩英同志那种坚强勇敢、不怕牺牲的精神给了我莫大的鼓舞和无穷的力量……我决心永远向韩英学习，为了党，我不怕上刀山入火海；为了党，哪怕粉身碎骨，永不变心。

1月14日　写下日记: 在最困难、最艰苦的工作中，我想起了黄继光，浑身就有了力量，信心百倍，意志更坚强……我每次外出执行任务或在最复杂的环境中，就想起了邱少云，就能严格地要求自己，很好地遵守纪律。每当我得到福利和享受的时候，就想起了白求恩，就先人后己，把享受让给别人。当个人利益与国家、党和人民的利益发生矛盾的时候，我就想起了过去家破人亡、受苦受难的苦日子，就感到党的恩情永远报答不完。

1月16日　下大雪，和韩玉臣在野外连续工作8个多小时，完成汽车保养任务。

1月27日　晋升为中士军衔。

同日　给抚顺市望花区会元堡小学四年级学生张玄写下赠言: 希望你努力学习，好好劳动，练好身体，做毛主席的好学生!

呈請軍士人員升調慢予軍士軍銜報告表

〔部〕職別	工程兵大隊第十〇次軍車班〇長		原軍衔	下 士
擬任部職別	" " " "		予晉衔级别	中士正班级
姓 名	雷 鋒 出生年月 1940年7月 书何特长			
入伍前 本人成份	茶 失	家庭出身		贫
何时于何 地入伍	1960年1月辽阳交 征入伍。	現在文 化程度		初 中
何時何地何 人介紹入党	1960年11月滿古群川 紹入党	何時何地何 人介紹入团		
何时在何部 受何奖勵 及 原 因	奖勵	60年又〇功一次 又〇功一次 〇〇〇〇功〇〇		
	处分			
入伍前簡歷	49～56年讀〇. 56～57.9在〇〇〇里家〇〇〇〇 57～59年在〇地〇农场开拖拉机. 59～60年〇〇〇〇化工厂工人.			

入伍后工作簡歷	何時起		在 何 部	任何职	証明人
	年	月			
	1960 "	1 "	工程兵十团汽车〇连	战士	〇〇〇〇
	1961 "	5 "	"	班长	"
	1961 "	12 "	"	"	"
	"	"			
	"	"			
	"	"			

★ 雷锋晋升为中士军衔报告表

1月　在日记中写下了学习毛泽东著作《愚公移山》的心得：学习愚公不怕困难，敢于斗争，敢于胜利的精神。愚公能挖掉两座大山，我有恒心克服各种困难，学习好毛主席著作和军事技术，把自己锻炼成为一个又红又专的共产主义革命战士，更好地为人民服务，为人类的解放事业——共产主义而贡献自己的一切。

2月1日　总结全班安全行车经验。[1]

注释：

[1]全班安全行车经验：认真贯彻了安全措施，严格遵守了交通规则，做到了四勤、三先、五不超、六不走、九慢。四勤：勤检查；勤保养；勤督促；勤清洗。三先：会车先慢；先让；先停。五不超：不超速；不超载；不超高；不超长；不超宽。六不走：行车文件不齐不走；车辆检查不好不走；油料不足不走；人员没坐好不走；操纵机械有故障不走；没有上级首长的指示不走。九慢：转弯慢；交叉路口慢；坡道慢；人员多的地方慢；复杂气候慢；过铁道慢；道路不熟慢；桥梁渡口慢；错车慢。

2月3日　阅读《中国青年》杂志上刊载的革命家徐特立写给晚辈的几封家信。在日记中写下体会。①

2月4日（除夕）　同望花区本溪路小学五年级四班的同学一起联欢。会上送给陈雅娟同学一张贺年卡，雷锋在贺卡上题写了赠言：**祝你好好学习，天天向上，新年快乐！**

注释：

①今天我一口气看完了《中国青年》杂志上徐老（徐特立）写给晚辈的几封家信。越看越感到浑身是劲，越看越觉得亲切，越看越想看。特别是徐老说的："一个共产党员应当什么都知，什么都能，什么都学，什么都干，什么人都交，什么生活都过得下去。"这些话对我来说，是有很大启发和教育的，也是我应当知道的，必须要做的。我要永远记住徐老这些有益的话，并且要贯穿于一切言论和行动之中，决心把自己锻炼成为一个名副其实的共产党员，为人类作出贡献。

2月5日　春节，和战友们一起参加文体活动后，请假到抚顺市瓢儿屯火车站参加义务劳动。在日记里写道：……我这样做，能使人民群众更加热爱党，热爱毛主席，热爱解放军，这就是我感到最幸福的。

2月8日　读《向秀丽》一书写下读书心得：……我决心永远学习向秀丽同志坚定的阶级立场，敢于斗争的精神；学习她耐心帮助同志、处处为集体谋利益的精神；学习她对工作极端负责任；学习她对党对人民无限忠诚；学习她爱护国家财产胜过爱护自己生命的精神；学习她在紧急关头，挺身而出、英勇牺牲的精神……我时时刻刻都要以她为榜样，经常对照自己和鞭策自己，把自己锻炼成为一个坚强的无产阶级革命战士。

2月10日　在日记中写道：我觉得一个革命者就应该把革命利益放在第一位，为党的事业贡献出自己的一切，这才是最幸福的。

2月11日　送给战友刘兴华一张自己的照片，并在背面题写了赠言：让我们互相帮助，共同进步。

2月12日　在日记中再次阐述了自己的幸福观：一个共产党员是人民的勤务员，应当把别人的困难当成自己的困难，把同志的愉快看成是自己的幸福。

2月13日　在日记本上写下诗歌《一颗红心献给党》。

2月14日　以代表身份，出席工程兵工兵第十团第六次党代会。并写下日记：**我今天能够参加团里的党代会，感到特别的高兴和激动。回顾十多年前，我还是一个穷苦的孤儿，吃不饱，穿不暖，过着饥寒交迫的苦日子。……伟大的党啊——我慈祥的母亲，是您把我从虎口中拯救出来，抚育我成长。……敬爱的党——我慈祥的母亲，我只有以实际行动来感恩。一、坚决听党的话，一辈子跟着党走。二、刻苦学习，忘我劳动，积极工作，完成党交给我的任务。三、永远忠于党，忠于人民，为共产主义事业奋斗终身。**

2月15日　参加工程兵工兵第十团第六次党代会第二天，拍照留念。

2月18日　到沈阳军区第二招待所报到，参加沈阳军区首届共青团代表大会，下午与团代表宋清梅等一起观看电影《孙悟空三打白骨精》，并在日记中写下观后感。

2月19日　作为特邀代表出席沈阳军区首届共青团代表大会，并被选为主席团成员。会上，他以《我是怎样从一个苦孩子成长为毛主席的好战士》为题作报告，并在日记中写下感想①。

注释：

①今天是我永远不能忘的日子。像我这样一个穷孩子，能光荣地参加这次沈阳部队召开的首届团代会，感到万分的激动。……我决不辜负党和人民对我的期望，决心从以下几个方面努力。一、永远听党和毛主席的话，党指向哪里，我就冲向哪里，处处以整体利益为重，全心全意为革命工作，勤勤恳恳，踏踏实实，在平凡细小的工作当中，干出不平凡的业绩。二、好学：我要认真学习毛主席的著作，刻苦钻研技术和业务……决心做个又红又专的革命战士。三、我要密切联系群众，相信群众，虚心向群众学习，团结带领群众一同前进。……四、我要积极肯干，……扎扎实实地干，一定要把事情办好。

同日　与炮兵 5040 部队炊事班班长刘思乐在沈阳军区首届团代会上相识。①

注释:

①据刘思乐回忆:我与雷锋、雷凯、任连付等同志组成了沈阳军区青年演讲团,巡回为军民作报告,我们一同住在沈阳军区第一招待所 316 房间,恰巧和雷锋床挨床。一天晚上我与雷锋一起学习《为人民服务》,共同探讨人生价值,雷锋看了我的发言稿带着商讨的口气说:"你那做一颗不生锈的螺丝钉的标题,要是加上一个'永'字该多好啊?这样既生动又感人,又鞭策自己。做一颗永不生锈的螺丝钉,是无产阶级勇于进取,不断前进精神的形象表达。"我点头称是,顺手递过笔去。只见雷锋认认真真地在我演讲标题的"不生锈"前加进一个"永"字。从此,"做一颗永不生锈的螺丝钉"成了我终生的奋斗目标。

2月21日　给团代会代表杨德志写下赠言：你是优秀的共青团员，是党的好儿女，是我学习的好榜样，愿你的青春像鲜花一样，在祖国的土地上发散着芬芳，在保卫祖国的战线上多立功勋。

2月22日　给团代会代表刘成德写下赠言：您是优秀的共青团员，是我永远学习的好榜样，为了共同完成党的事业，我给你留下几句话：我觉得一个革命者，就应该把革命利益放在第一位，为党的事业贡献自己的一切，这才是最幸福的。

同日　给团代会代表、"学习毛主席著作标兵"廖初江写下赠言：我是苦里生来甜里长，没有大"我"无小"我"，党和人民给了我一切，我要把一切献给人民，献给党。

同日　给团代会代表、炮兵5071部队一营三连计算兵周恒卿写下赠言：你是优秀的共青团员，是我学习的好榜样。请你多多帮助我，让我们共同前进。

同日　给八一中学学生刘胜利写下赠言：刘胜利同志：请你记住，伟大的理想生于伟大的毅力。祝你在学习战线上创造奇迹。

同日　给团代会代表张永安写下赠言：祝您不断前进不断胜利。

2 月 23 日 在《沈阳军区首届共青团员代表会议纪念册》上，给团代会代表黄殿仁留言：您是优秀的共青团员，是我学习的好榜样。为了共同完成党的事业，我给您留几句话：我觉得一个人活着就应该为人类的解放事业——共产主义，贡献自己的一切。

2 月 24 日 和刘思乐等英模代表到部队作报告，给军区总医院传染科医务人员、团代会代表崔娴维写下赠言：你是优秀的共青团员，是我学习的好榜样。愿你的青春像鲜花一样，永远在祖国的土地上发散着芬芳。

同日 与刘思乐、任宝林交流对螺丝钉精神的认识。给刘思乐写下赠言：让我们携起手来，做一颗永不生锈的"螺丝钉"。给任宝林写下赠言：我觉得，一个革命者活着，就应该把自己的毕生精力和整个生命为人类的解放事业——共产主义全部献出。

2 月 25 日 参加沈阳市各界青年联欢会，并作为部队代表在会上发言。联欢前，雷锋同其他几位特邀代表一起，受到了辽宁省委第一书记黄火青、第二书记黄欧东、沈阳市委书记吴铁鸣、副市长宋光、杨天放和沈阳军区赖传珠上将、曾绍山中将、杜平中将、刘贤权少将、吴保山少将、李伯秋少将、李桂林少将等的接见。

2月26日 经团代会会务组同意，利用午休时间，到沈阳军区通信总站长话连座谈并为大家题写下赠言。①

同日 给团代会代表文淑珍写下赠言：你是党的优秀儿女，是毛泽东时代的英雄，是我永远学习的好榜样。让我们更高地举起毛泽东思想红旗，为人类的解放事业共产主义而共同奋斗吧。

注释：

① 给詹淑坤的赠言是："努力学习毛主席著作，为社会主义建设添砖加瓦。"给话务员于海琴的赠言是："我觉得，一个革命者应该把革命放在第一位，为党的事业贡献自己的一切，这才是最幸福的。"给话务员王淑琴的赠言是："请你记住，做革命的螺丝钉，全心全意为人民服务。"给话务员云素琴的赠言是："让我们紧紧地携起手，更高地举起毛泽东思想红旗，为人类的解放事业而共同奋斗吧。"给话务员姚桂琴的赠言为："请您记住，伟大的理想，产生于伟大的毅力，愿您在保卫世界和平和国家利益的岗位上，创造出奇迹。"给话务员李凤琴的赠言是："好好学习吧，书是知识的宝库。"给话务员谢桂香的赠言是："让我们更高地举起毛泽东思想伟大红旗乘胜前进。"由于话务员曹九岚刚从机房匆忙赶来没带笔记本，他就笑着告诉曹九岚"别着急"，说着就从自己挎包里拿出一本《论持久战》，在扉页上写下"做毛主席的好战士"送给了她。在指导员谷德珍的笔记本上留下的赠言是："关心战士，热爱战士，做好育人的带头人。"

同日 给团代会代表、话务员董滋仲写下赠言：**让我们更高地举起毛泽东思想红旗乘胜前进。**

同日 给团代会代表、沈阳军区护士学校学员齐正莲写下赠言：**愿你的青春像鲜花一样，永远在祖国的土地上发散着芬芳。**

同日 为宋清梅写下赠言：**亲爱的宋清梅同志，送你几句话，一个革命者，就应该把自己的毕生精力和整个生命，为人类的解放事业——共产主义全部献出。**

同日 和出席团代会的部分代表一起合影。

同日 在日记中写道：过去，我是孤苦伶仃的穷光蛋。现在，我是一个光荣的共产党员，国家的主人。将来，我永远是党的忠实儿子，人民的勤务员。

2月27日 沈阳军区首届共青团员代表会议全体代表通过了《给军区全体共青团员的一封信》。信中号召军区部队广大共青团员和青年，要以毛主席的好战士雷锋等先进人物为榜样，掀起一个学先进、赶先进的竞赛热潮，使他们的先进事迹和先进经验在部队中遍地开花结果。

同日 沈阳军区首届共青团员代表大会结束后，与"学习毛主席著作标兵"廖初江、"海上花木兰"文淑珍、"神枪手"雷凯、"好军医"董蕙兰、"军营好管家"任连付、"战胜草原风雪勇士"冉隆贵、"永不生锈的螺丝钉"刘思乐等组成英模报告团，赴各部队作巡回报告。

　　同日　被工程兵工兵第十团评为 1961 年度五好战士①，在日记中写下这样一段话来告诫自己：雷锋呀，雷锋！我警告你牢记：千万不可以骄傲。你永远不能忘记，是党把你从虎口中拯救出来，是党给了你一切……至于你能做一点事情了，那是自己应尽的义务，你每一点微小的成绩和进步都应该归于党，要记在党的账上……

★ 雷锋被评为五好战士的荣誉证书

注释：

①五好战士条件：政治思想好、军事技术好、三八作风好、完成任务好、锻炼身体好。

2月28日 与沈阳军区射击标兵雷凯在照相馆合影留念。

★ 雷锋和被誉为"神枪手"的雷凯合影

3月2日 在日记中写道：骄傲的人，其实是无知的人。他不知道自己能吃几碗干饭，他不懂得自己只是沧海之一粟……

这些人好比是一个瓶子装的水，一瓶子不满，半瓶子晃荡，可是还晃荡不出来。这有什么值得骄傲的呢？

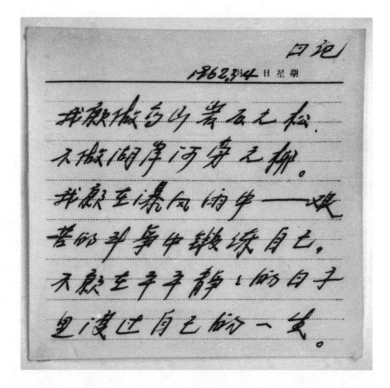

★ 雷锋日记手稿

3月4日 　在日记中写道：我愿做高山岩石之松，不做湖岸河旁之柳。我愿在瀑（暴）风雨中——艰苦的斗争中锻炼自己，不愿在平平静静的日子里渡（度）过自己的一生。

3月7日 　在日记中写道：我要永远愉快地多给别人，毫不计较个人得失……

3月9日 　在日记中写道：……一个人的力量毕竟是有限的，走不远，飞不高，好比一条条小渠，如果不汇入江河，永远也不能汹涌澎湃，一泻千里。

3 月 10 日　给沈阳军区首届团代会代表郑树信复信，在信中写道：目前，我们正在进行国防建设，特别我们运输连更为繁忙，白天黑夜都要执行任务。虽然任务重，时间紧迫，但我们感到，这是一个最好的锻炼机会。我们一定要练出过硬的本领，熟练地掌握驾驶技术，圆满完成各项任务。尽管工作很忙，我还是坚持每天半个小时的"毛著"学习，坚持天天做早操，练单双杠，所以身体还很结实。我们的生活过得很不错，精神很愉快。总之，一切都顺利如常，请勿念。……

3 月 16 日　带领运输连四班全体同志和兄弟班的几名战友，远离抚顺连队驻地，单独执行任务，为修筑沈阳战备指挥中心（当时为了保密，对外称"105 工程"）的施工部队运送物资，临时驻扎在离工地不远的辽宁省铁岭市铁岭县横道河子公社下石碑山大队（今辽宁省铁岭市铁岭县横道河子镇下石碑山村）。

同日　在日记中写道：我是党的儿子，人民的勤务员。我走到哪里，哪里就是我的家，我就在哪里工作。

3 月 18 日　给一同出席过沈阳军区首届共青团代会的文淑珍写信。

同日　赠给一同出席过沈阳军区首届团代会的董蕙兰一张照片，并在照片背面题字：赠给董蕙兰同志留念。这张照片是 2 月 15 日出席工程兵团党代会时的留影。

3月26日　从抚顺驻地到铁岭下石碑山，山路艰险，为保障行车安全，手绘了下石碑山至抚顺道路情况地形图。

3月28日　在日记中写道：我们要真正学到一点东西，就要虚心。譬如一个碗，如果已经装得满满的，哪怕再有好吃的东西，像海参、鱼翅之类，也装不进去，如果碗是空的，就能装很多东西。装知识的碗，就要像神话中的"宝碗"一样，永远也装不满。

3月　在日记中写道：生活中一切大的和好的东西全是由小的、不显眼的东西累积起来的。人若没干劲，好像没有蒸汽的火车头，不能动；像没长翅膀的鸟，不能飞。

3月　在日记中写道：不经风雨，长不成大树；不受百炼，难以成钢。迎着困难前进，这也是我们革命青年成长的必经之路。有理想有出息的青年人必定是乐于吃苦的人。

4月3日　去工程兵工兵第十团开会途中，遇到一个衣着单薄的小孩，脱下身上的棉裤，送给了这个孩子。

4月4日　在日记中表达了自己对幸福的理解：我

觉得人生在世，只有勤劳，发奋图强，用自己的双手创造财富，为人类的解放事业——共产主义贡献自己的一切，这才是最幸福的。

4月5日　《解放军报》刊登了雷锋向少先队员展示"节约箱"、讲节约意义的照片。

4月14日　在日记中写道：我失去黄继光这样一个好的阶级兄弟，心情是万分悲痛的，我的眼泪忍不住地直流。我是人民的战士，我不能再哭了，我要控制自己的眼泪，我要化悲痛为力量，我要更加坚强勇敢起来，我要刻苦练好本领，我要更高地举起毛泽东思想红旗，坚决革命到底，不消灭帝国主义和一切反动派决不罢休，一定要讨还敌人的血债，坚决为黄继光报仇，为人类的解放事业——共产主义贡献自己的一切。

4月15日　再读《黄继光》，在日记中写道：……我要学习黄继光那种坚定的无产阶级立场；学习他勇敢坚强的革命意志；学习他的高贵品质；学习他关心别人比关心自己为重；学习他兢兢业业为党工作的精神；学习他勤劳朴实的性格；学习他谦虚好学渴求进步的精神；学习他为祖国人民英勇战斗的精神。……

4月16日　读完《党的好儿子龙均爵》这本书，在日记中写道：……我处处要以龙均爵为榜样，永远学习他不畏艰难困苦、敢于斗争的精神；学习他关心爱护同志的高贵品质；学习他大公无私、舍己为人的精神；学习他刻苦学习钻研技术的毅力；学习他爱护国家财产和爱护自己生命的精神；学习他处处把国家的利益和人民的利益放在个人利益之上的思想。坚决学习他，并贯彻于实际行动中，一定要在保卫祖国和建设祖国的事业中，贡献自己的力量。

4月17日　在日记中写道：一个人的作用，对于革命事业来说，就如一架机器上的一颗螺丝钉。机器由于有许许多多的螺丝钉的连接和固定，才成了一个坚实的整体，才能够运转自如，发挥它巨大的工作能力。螺丝钉虽小，其作用是不可估量的。我愿永远做一个螺丝钉。螺丝钉要经常保养和清洗，才不会生锈。人的思想也是这样，要经常检查，才不会出毛病。我要不断地加强学习，提高自己的思想觉悟，坚决听党和毛主席的话，经常开展批评与自我批评，随时清除思想上的毛病，在伟大的革命事业中做一个永不生锈的螺丝钉。

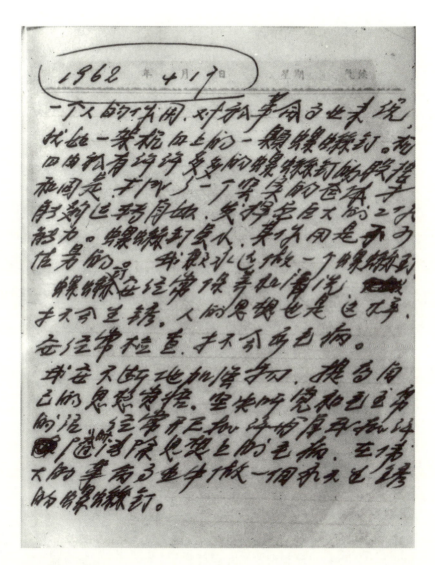

★ 雷锋日记手稿

4月20日 去长春出差途中，在火车上帮助旅客。①

同日 观看电影《在前进的道路上》，写下了观后感②。

注释：

①中午12时，乘坐25次快车从沈阳站出发，火车上人很多，他把座位让给一个老大娘，还给老人倒了杯开水，得知大娘还没吃午饭，又拿出自己没舍得吃的面包让给老人吃。除了照顾这位老大娘，他还主动帮助乘务员扫车厢、擦地、给旅客们倒开水，帮炊事员卖饭……很多人都让他休息一会儿，可是他想：为人民服务嘛，少休息点又算得了什么呢？"雷锋出差一千里，好事做了一火车"的赞誉正是从许许多多这样的看似平凡的举动中获得的。

②……事实教育了我，骄傲是犯错误的根源，是落后的开始。我永远要保持谦虚谨慎的态度，老老实实为党工作。影片中罗副局长这个人物很好，表现在他政治立场坚定，原则性强，敢于批评斗争，虚心好学，能密切联系群众，对革命事业高度负责。我要永远向他学习，多为党做些工作，为祖国做贡献。

4月21日 在长春机要学校作报告。

4月27日 作为特邀代表出席抚顺市望花区第四次人民代表大会，其间为代表作忆苦思甜报告。

同日 在日记中写下：……我们年轻人要把自己培养成一个具有共产主义道德的人。我们不能忘记了培养共产主义道德品质的一个重要方面，就是以自觉遵守纪律的精神来锻炼自己。……

4月 春耕时节，帮同乡干农活。①

注释：

①下石碑山村村民李维国回忆：村上只有一口辘轳井，每次挑水时，雷锋都要来回走上一二百米，他个子矮，挑水时总要把扁担绳绕在扁担上几圈才行，乡亲们心疼他，不让他挑水，但他总是抢着干。
下石碑山村村民沈启凤回忆：雷锋和我最对劲儿，他个子比我还矮，但特别能干，是个闲不住的人，每天早早起床去擦车，他的那辆卡车总是擦得锃亮，平时还忙里偷闲帮左邻右舍的村民家挑水、扫院子。

4月 学习了《论联合政府》一文，在日记中写下心得：……掌握思想教育，是团结全党进行伟大政治斗争的中心环节。如果这个任务不解决，党的一切政治任务是不能完成的。思想教育应该是经常的，长期的。正如洗脸一样，一天不洗，脸上的脏东西和灰尘就不掉，要是长期不洗，脏东西和灰尘就会在脸皮上结成壳，人家看了，会骂他是懒汉……人的思想也是这样，如果不经常教育，不用正确的思想克服错误的思想，时间长了，思想就会出毛病。思想背了包袱，工作就会消极，干劲就不足，各项任务就不能完成。

5月2日 冒雨送纪玉春母子三人回家。①

注释：

①据纪玉春的大儿子徐富斌回忆：当时，我只有6岁，弟弟只有2岁，母亲带着我们到抚顺郊区金花楼下车后，还要走10多里的土路才能到祖父家，路过下石碑山时，雨下得很大，母亲没带雨衣，我和弟弟都哭闹不止，母亲也急得哭。经过运输连的围墙，有个战士从墙内探出头大喊"大嫂，等等……"，不一会儿，一个小个子战士从院子里跑出来，拿着一件雨披给母亲披上，又抱起我赶路，还把他自己的衣服脱下来给我披上，一直把我们送到家。后来听母亲讲，这个战士叫雷锋，叮嘱我们一定要记住这个人。

5月4日　到辽宁省实验中学作报告。①

5月6日　上午修整了 200 米的公路，把好几处坑洼的地方填平。下午，保养了 1 个小时汽车后，又去帮助驻地附近农民种地，向农民王大爷学会了犁地。

同日　在日记中写道：……我时刻都想多学点本领，更好地为人民服务。我时刻牢记着马克思的教导：不学无术在任何时候，对任何人，都无所帮助，也不会带来利益。今天，我为了人民的利益、阶级的利益、革命的利益，多学点本领就更为必要了。我之所以要虚心学习，刻苦钻研，学到真本领，就是为此目的。

注释：

---

①据学校小学部学生曾小林回忆：报告会上，雷锋给我们讲述了他的故事和如何做一名对祖国有用的人。现场有一个环节，每班选出学习代表和雷锋握手，我作为我们班里的学习代表和他握手时看到他左手上的刀痕，雷锋对我说，这就是他小时候被地主婆砍的，那是我第一次近距离接触雷锋，觉得他特别伟大。

5月8日 部队按照规定发给每个人两套军装、两双新胶鞋，雷锋只领了一套单军服，一双新胶鞋，其他用品也少领了。他在日记中写道：……**当前国家正处在困难时期，……我们也得为党和人民着想。应该积极响应党的号召，发愤图强，自力更生，处处做到增产节约，发扬我军艰苦朴素、勤俭节约的优良传统。为了和人民群众同甘共苦，减轻人民的负担，共同克服目前的困难……以前用过的东西，我都修补好了，继续使用。穿破了的衣服补好了再穿。我觉得就是现在穿一套打补丁的旧衣服，也比我过去披的破烂衣服要好千万倍啊！**

5月9日 给沈阳军区首届团代会特邀代表、战友王元朝写信，在信中写道：……**我们在前进的道路上，困难总是免不了的。但是困难对我们来说是没有什么了不起的，任何困难也只是暂时的，是能够克服的，只要我们了解到困难是客观存在的，是能够克服的，那么我们就能够在困难当中鼓足勇气，去战胜它，去克服它。……**

5月16日 为抚顺市望花区武装部全体干部作忆苦思甜报告。

5月22日 应抚顺市朝鲜族第一中学党支部和团委邀请，到学校为全校师生作报告。参加报告会的除抚顺市朝鲜族一中全体师生外，还有师范学校和邻近几个学校的师生，共 5000 余人。报告会结束后，雷锋与抚顺市朝鲜族一中党团干部一起合影留念，共留下 3 张照片。抚顺市朝鲜族一中还邀请他品尝学校食堂制作的朝鲜族传统食品打糕，他品尝后留下了 4 两粮票和 1 元钱。

5 月 28 日　被共青团抚顺市委授予"少先队优秀辅导员"称号，并获得奖状：**奖给少先队优秀辅导员雷锋同志，保持光荣，继续前进。**

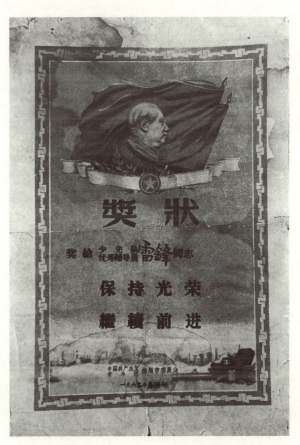

★
共青团抚顺市委授予雷锋少先队优秀辅导员的奖状

5月30日　《解放军报》以《解放军与红领巾》为题报道了雷锋事迹。

5月　在沈阳市南京二校大会议室为学校少先队全体学生干部作报告，学校其他师生在教室内收听了雷锋作报告的广播。

6月1日　送给战友蔡永海一本由中共辽宁省委宣传部编写的《中国共产党章程教材》，并题写了赠言：**愿您好好学习，争取加入伟大的共产党。**

同日　与抚顺市望花区本溪路小学部分学生到抚顺市劳动公园欢度儿童节。

6月16日　《解放军画报》6月号以《五好战士和红领巾》为题，刊登介绍雷锋先进事迹的文章。[1]

注释：

---

[1]不久，毛泽东在武汉东湖宾馆翻阅这期《解放军画报》时，看到了《五好战士和红领巾》这篇文章，新华社记者钱嗣杰拍下了这张珍贵的照片。

6 月 20 日　将写有赠言的照片送给房东刘东林的妻子。①

6 月 22 日　开车护送重病号去抚顺的卫生连。②

6 月 25 日　在日记中写道：俗话说："大河涨水，小河满；大河无水，小河干。"同样的，只有集体利益富裕了，个人利益才能得到满足，如果没有集体的利益，哪还有什么个人的利益呢？

注释：

①离开刘东林家前，刘东林的妻子向雷锋要一张照片留念，可当时雷锋手中没有，恰好战友刘兴华把雷锋送给自己的那张写有赠言的照片带在身上，就拿出来送给了房东家。雷锋本想把赠言重新修改一下，可刘兴华说："就不用改了，我姓刘，房东也姓刘，我们是一家子，是一家子就不说两家话了。"

②首长安排雷锋马上出车护送一个重病号去卫生连，他急忙收拾好工具，当即出车护送病人。临走时看了一下手表，已是下午1点。感到肚子有些饿，刚好炊事员给他送来一盒午饭，大家让他吃完饭再走，可是他想，战友的病很重，正处在紧要关头，不能耽误时间，没吃饭就开车出发了。经过两个多小时的急行车，终于把病号及时送到了位于抚顺的卫生连。

6月26日 给家乡望城的堂叔雷明光写信。

★ 雷锋写给堂叔雷明光的家书

6月28日 在日记中写道：我觉得正确认识个人和集体的关系是很重要的。我认为个人和集体的关系，正像细胞和人的整个身体的关系一样。当人的身体受到损害的时候，身上的细胞就不可避免也要受到损害。同样的，我们每个人的幸福也依赖于祖国的繁荣，如果损害了祖国的利益，我们每个人就得不到幸福。

6月29日 出席共青团抚顺市委表彰少先队优秀辅导员大会，并在会上发言。

6月30日　在日记中写道：我认为，一个革命者，要树立牢固的集体主义思想，时刻都要把集体利益放在第一位。同时还要坚决打消个人主义，因为个人主义对革命不利，对集体有损害。个人主义好比大海中的孤舟，遇到风浪，一碰就翻。集体主义好比北冰洋上的原子破冰船，任凭什么坚冰都可以摧毁。我认为坐在小舟里摇摇晃晃不好，还是坐在原子破冰船上乘风破浪一往无前为好。

6月　应邀到沈阳第三十九中学（今东北中山中学）作报告。

6月　在日记中写下学习毛泽东文章的体会：……我学了毛主席的《中国社会各阶级的分析》的文章，受到了很大的教育。拿目前来说，我国虽然已经是社会主义社会，但是在国际上还有帝国主义存在，在国内还有阶级斗争存在的时候，阶级分析这个马克思列宁主义的斗争武器，就决不会过时。我们每一个革命同志，必须认真用它来武装自己的头脑，做一个真正自觉的无产阶级革命战士。

6月 在日记中写下学习毛泽东文章《论军队生产自给，兼论整风和生产两大运动的重要性》的体会：……自己动手，丰衣足食。自力更生，立于不败之地。我们的社会主义建设也是如此。通过这篇文章的学习，我从理论上懂得了军队生产和整风两大运动的重要性。联系到当前我们部队大搞生产的实际情况，更加深了我对毛主席思想的领会。就拿我们连来说，由于听了毛主席的话，搞好了生产，在当前国家处在困难时期，大大减轻了人民的负担，改善了部队的生活。事实证明，只要我们听毛主席的话，就能取得各项工作的胜利。

7月1日 参加运输连党支部组织的党员考试，填写了党员考试答卷。

同日 在日记中写道：今天是党的生日。在这个伟大的节日里，我激动的心啊！像大海里的浪涛一样，不能平静……今天，我当了家，做了国家的主人，得到了自由和幸福，内心是何等的感激党和毛主席啊！我时刻都想掏出自己的心，献给伟大的党。忆过去，我刻骨地痛恨三大敌人。想今天，我万分地感谢党和毛主席的恩情。望将来，我信心百倍，浑身是劲，坚决要为共产主义事业奋斗到底。为了党，我愿洒尽鲜血，永不变心……

为了人类的解放事业——共产主义，我要献出自己的毕生精力和整个生命。

7月19日 给下石碑山村民李维英题写下赠言：请您记住这句话：伟大出于平凡，我衷心地祝你，在平凡的工作中，创造出不平凡的奇迹。

7月28日 再次被申报为五好战士。[①]

注释：

---

①汽车班为雷锋写了五好评比材料：该同志思想进步，能坚持不断地学习毛著……经常组织大家读报纸（20多次），经常向群众宣传党的方针政策。在每次政治运动中立场坚决，敢于斗争和批评，并能积极开展思想互助，个别谈心50多次。……该同志执行上级的指示命令坚决、迅速，能做到说干就干，干就干好。……该同志能密切联系群众，关心群众生活……该同志警惕性高，对坏人能进行无情的斗争。……根据以上事迹，除评为五好战士外，全班同意记三等功一次。

7月29日 因传与驻地女青年谈恋爱，高士祥找他谈话，当晚在日记中写道：……我是个共产党员，对别人的反映和意见不能拒绝，哪怕只有百分之零点五的正确，也要虚心接受。

7月30日 在日记中写道：今天起床后，我们参加了后勤处的生产劳动。到地里后，有的同志没按计划带工具，本来叫带10把镐头、6把锄头，结果只带了2把镐头、5把锄头，影响了生产。

这件事，对我的启发教育很大。我认为不按计划办事，害处很大。今天所见仅仅是生产当中的一件小事，大事又何尝不是如此呢？我感到无论做什么，一定要事先有计划，不能盲目乱干。只有按计划办事，才能圆满完成任务。

同日 接到团指挥所电话通知，要他参加在抚顺市望花区政府举行的庆祝"八一"建军节大会，并要求他代表全团指战员发言，晚上他开始写发言提纲。

7月31日 参加"八一"建军节大会并在大会上发言。①

7月 卫生连军医罗叔岳妻子和小孩来抚顺探亲，雷锋开车接送。②

注释：

①凌晨3点多，雷锋起床出发前往30多公里外的团指挥所，他没有动用班里的汽车，只留下一张字条："大雨催我起得早，为了节约油料，我没动13号，开动了'11号'（指步行）。"他冒雨步行了两个多小时准时赶到，将发言提纲交给韩万金审定后，同韩万金一起参加了大会并在大会上发言。

②据罗叔岳回忆：我的爱人王金荣带着孩子从营口到抚顺探亲。我爱人到达抚顺后，来到驻抚顺市内的部队留守处，准备乘坐运输连来的汽车到卫生队驻地看我。说也凑巧，这时雷锋开着车来到留守处，我爱人由于以前在营口听雷锋作过报告，所以一眼就认出了雷锋，便登上了雷锋的13号车的后车厢。车开了一段后，雷锋把车停下来，询问我爱人和孩子晕不晕车，车开得快不快。后来，道路越走越颠簸，我的孩子晕车呕吐了。雷锋再次把车停了下来，让助手乔安山到后车厢去，把我爱人和孩子让到驾驶室里坐。他担心我爱人与孩子晕车，每开一段就停下来让他们缓解一下。一路上，雷锋不时地询问孩子好没好点，还停了六七次车，以缓解孩子晕车的症状。

7月 应邀到沈阳八一小学作报告。①

7月 应邀到沈铁实验学校（今沈阳铁路中学）作题为"不忘阶级苦，牢记血泪仇"毕业教育报告，该校高中四个毕业班和初中八个毕业班全体师生在学校礼堂聆听了这次报告。

8月1日 出席抚顺市望花区军烈属、复员退伍军人代表大会，并在大会上发言。

8月2日 到沈阳东陵区新城子公社，为基层干部作报告。

8月5日 利用休息时间，保养好汽车并主动申请执行出车任务。

注释：

①据为雷锋佩戴红领巾的八一小学学生雷美娜回忆：刚入学的我很荣幸地代表全体新同学为雷锋佩戴红领巾，雷锋亲切地问我：你叫什么名字？我有点不好意思，回答说：我叫雷美娜。一听这话，雷锋显得特别高兴，说道：我们雷家的妹妹真是漂亮。

8月6日 在日记中写道：……我们吃饭是为了活着，可活着不是为了吃饭。我活着是为了全心全意为人民服务，是为人类的解放事业——共产主义而斗争。

8月8日 帮助战友乔安山赔偿同乡的损失，并在日记中作了记录：今天给一营二连拉粮食。上午8时从下石碑山出车，9时半左右就到达了抚顺粮站。这趟是副司机开的。因他缺乏驾驶经验，遇到紧急情况，就手忙脚乱起来，因此，轧死了同乡的一只鸭子。我立即叫他停车，向同乡道歉，并给同乡赔偿了两元钱，使同乡没意见，很受感动。

同日 出差途经沈阳，再次走进长话连与女兵们谈理想、话人生，畅叙战友情。

8月9日 到工程兵工兵第十团新兵连作报告，会前与新兵连班长宋清梅相遇。①

注释：

①据宋清梅回忆：新兵连邀请雷锋到连队作报告。开会前我见到了雷锋，两人像久别重逢的亲兄弟一样，相互敬礼、握手。听说我已写了入党申请书，雷锋鼓励说，争取早日入党是一个革命者的志向和目标，入党的目的就是要把自己的毕生精力和整个生命献给党的事业，献给人民。

同日 在日记中摘录了苏联科学家巴甫洛夫对青年讲的一段话：……你在任何时候，也不要以为自己什么都知道。不管别人怎样器重你们，你们都要有勇气对自己说："我没有学识！"决不要陷于骄傲。因为一骄傲，你们就会固执起来；因为一骄傲，你们就会拒绝别人的忠告和友谊的帮助；因为一骄傲，你们就会丧失客观方面的准绳……

8月10日 写下生前最后一篇日记：今天，我认真学习了一段毛主席著作，其中有两句话对我教育最深。毛主席教导我们说："虚心使人进步，骄傲使人落后。"这是千真万确的真理。过去，我在一切言论或行动中，按主席的教导做了，因此我进步了。现在，我仍要牢记主席的这一教导，坚决努力，要求自己更好地做到这一点。今后，我要更加珍爱人民和尊敬人民，永远做群众的小学生，做人民的勤务员。

8月11日 晚上接到命令后，连夜为离团部100多公里的工兵营运送粮食，第二天早晨7点多钟，将粮食安全送达。

8月12日 驾驶汽车从抚顺望花营区开往"105工程"指挥部所在地——沈阳新城子区（今沈北新区）望滨公社山城子村，团摄影员季增随车同行。

8月13日 与战友们一起将翻在水沟边的牛车推上公路。①

同日 本溪路小学学生陈雅娟和几名班干部来到抚顺望花营区车场，邀请雷锋参加他们的开学典礼。

同日 向来"105"工程工地参加全团政工会议的指导员高士祥汇报运输连四班的工作情况。

8月14日 晚上，到高士祥在下石碑山的住宿处，向其汇报明天回抚顺望花修理所，进行车辆三级保养，争取5天修完赶回来。

注释：

①据战士洪淳克回忆：我在公路旁的候车处准备搭车返回抚顺。见到雷锋的13号车，他下车同我握手，交谈中鼓励我以更高的标准要求自己，挤时间看书学习，要多学习毛主席著作和政治理论。后来我搭雷锋的车回抚顺，汽车在行驶中，突然发现有一辆牛车翻在水沟边。他立即把车停了下来，招呼车上的同志下车帮忙，车上十几个人都跳了下来，和他一起连喊了几个"一二三"的号子，就把牛车翻过来又推上了公路。

8月15日 指挥战友开车时发生意外，因伤势过重，医治无效，于中午12时5分因公殉职。[①]

注释：

[①]据乔安山回忆：当天，我俩计划到抚顺对汽车进行三级保养。回到连队后，我们向虞仁昌连长作了汇报，然后准备把汽车开到九连营房附近的炊事班门前冲洗一下。我开着车进入九连的一个直角弯处，挂上二挡，打了一个倒车，好不容易才拐过这个弯。接着，汽车驶进一条狭窄的人行道。道口有一棵大杨树，顺着大杨树有一排一人多高、小碗口粗的柞木方子。木方子上头用8号铁丝一个一个地拧在一起，这是供战士们晾晒衣服用的。当时，我在驾驶室里开车，雷锋在车的左前方指挥。他与车的距离很近，都快要接近汽车的脚踏板了。他一边往后看，一边给我打手势。我当时开得比较慢，当汽车超过雷锋的那一刹，就感觉后轱辘颠了一下。当我把汽车开到九连炊事班前的水管旁停下时，回头一看，雷锋倒在了地上。原来是汽车在行驶过程中压到了木方子的底根部，将木方子压折。由于木方子上面连着8号铁丝，所以弹了起来，正好砸在雷锋头上，他左侧太阳穴上起了个大包，鼻子和嘴里一起往外喷血，双眼紧闭，急促地喘着气。

据虞仁昌回忆：我跑到连部后面的现场，只见雷锋左眼圈发紫，左鼻孔流出淡淡的血水，就命令立即把教练车开过来，并亲手把他抱上汽车，急速护送到抚顺市西部职工医院进行抢救。一下车，我背着雷锋上了二楼抢救室。抢救中，他体温过高，我又跑到楼下买来一箱冰棍为他降温。体温刚降下来，呼吸突然停止，经人工呼吸后恢复。医生写了一张便条，督促快派车去沈阳军区总医院请脑外科主任段教授。我便迅速安排副连长白福祖亲自开车去军区总医院接专家。为加大可靠性，接着又派汽车教员王广湘开一台车随后跟去。经过约 20 分钟的紧急抢救，雷锋终因伤势过重，医治无效，于当日中午 12 时 5 分停止了呼吸。

据沈阳军区工程兵政治部保卫处中尉助理员史宝光回忆：沈阳军区工程兵政治部突然接到工程兵工兵第十团后勤处长武孝的报告，雷锋在营区内，因汽车肇事身亡。当时的政治部主任裘永芳得知此事后极为重视，当即决定，立案调查。随后，裘主任指派任保卫处干事的我（此刻叫法医）和张峻（当时是宣传干事）立即赶赴抚顺，调查雷锋的死因。事故现场位于抚顺市望花区的十团驻地，九连营房东山墙一侧人行通道的一个进出口。在营房的对面大约 8 米远处，有一排用铁丝线和十余根方木杆拴起来的晒衣绳。我们把当事人乔安山找到了现场，做了现场恢复。我们在现场勘查时发现，第一根木杆的根部已经折断，在左后侧轮胎表面有明显的擦伤痕迹，同时在折断木杆的根部发现有黑色橡胶沫。在车厢板和木杆的上部均未发现刮碰的伤痕。为此，我们认为：事故是因为通道进口狭窄，加之地面不平，左高右低，木杆根部埋有凸头，致使汽车驶入时，车身向右侧倾斜，使木杆从根部折断，加之铁线的牵拉力量，反弹作用强劲，打中雷锋头部左侧太阳穴。所以这起伤亡事件，既不是乔安山有意所为和驾驶技术不精，也不是雷锋指挥的失误，而是一次偶然、意外的伤害。当晚，我们向十团政治委员韩万金做了汇报，同时把雷锋的遗体运回连队一间活动室停放。为了防腐，还特地买了 4 块大冰块放在他身下。根据雷锋生前的一贯表现，并经过军区工程兵政治部领导的审查，同意现场勘查报告的意见，确定雷锋牺牲是"因公殉职"的结论。

★ 1962年8月17日，抚顺市望花区政府礼堂举行"公祭雷锋同志大会"（摄影：张峻）

★ 1963年2月23日，雷锋家乡望城举行"纪念伟大战士雷锋烈士大会"

● 雷锋作品（1962）

一颗红心献给党

（1962 年 2 月 13 日）

党代会将要召开，
心中无限高兴，
是英雄的会师，
党的优秀儿女的集结。
互相交流经验，
制定六二年工作措施，
让党的新任务考验自己。

隆重大会就要开幕，
我用什么礼物迎接？
最宝贵的是决心和意志。
冬训任务已经完结，
目前做好一切施工准备，
迎接新的任务，
争取更大的胜利。

我要更好地读毛主席的书，
大踏步前进，
坚决完成党交给的一切任务。

用我的心情向大会祝贺，

预祝大会成功，

预祝大会胜利。

给雷明光的信
（1962年6月26日）

三叔：

　　您好！

　　近来身体好吗？工作忙吧？精神愉快吧？生活过得怎样呢？一切都好吧？

　　因我任务繁重，时间紧迫，很久没给你写信，对不起，请原谅吧！

　　由于党和上级首长对我的重视，要把我培养成为一个党所要求的又红又专的共产主义接班人，因此，对我的成长和进步特别地关心，曾调我到外地学习，以提高我的政治觉悟和理论水平，分配我带领一个班在外地执行国防施工任务。在紧张的工作和艰苦的环境下，以培养我们艰苦奋斗的作风，锻炼我们的革命意志，更重要的是，培养和提高我们的军事技术……为解放台湾、保卫祖国而增强本领。

　　由于党的培养教育，同志们的帮助，加上自己在实践中的刻苦锻炼，使我的工作、学习军事技术等各方面都有很大的提高和进步。就拿军事技术来说：在教员和同志们的指导和帮助下，加上自己天天练，因此技术提高较快，从 3 月 16 日起到今天为止，我驾驶的汽车已安全行驶了 4000 多公里，没发生事故，圆满地完成了各项运输任务，我决心继续努力，争取更大的成绩。

目前我的身体非常结实，精神饱满，生活过得很愉快，总之一切都很顺利。请勿挂念。

此致

敬礼

祝好

侄儿雷锋

做个优秀的校外辅导员
（1962 年 6 月 29 日）

5 月 28 日，我接到共青团抚顺市委的通知，叫我参加本市召开的表扬奖励少先队辅导员大会。通知上说，把我也评上了抚顺市的优秀大队辅导员。看完通知，我的心好久没有平静。

回想近两年以来，我被聘请为本市建设街小学和本溪路小学的校外大队辅导员后，在党的培养教育和支持下，尽自己的力量，利用业余时间和节假日的休息时间，帮助少先队开展了一些有益的活动，给少年朋友们讲毛主席小时候的故事、战斗英雄故事，讲新旧社会对比等，启发他们的上进心和阶级觉悟。比如，本溪路小学有个叫刘静的同学，她在福中生，也在福中长，可是不知旧社会的苦，所以也不懂今天的甜，因此，在当前国家处在困难时期，她的思想有些波动，学习不够安心，工作不主动，成绩也不好。自从我和她谈了新旧社会回忆对比，加上老师的耐心教育和同学们的帮助，她有了转变，变成了一个好同学，加入了光荣的少先队，还担任了中队的文娱委员，学习成绩也取得了 5 分。

建设街小学有些小朋友爱花零钱。我给他们讲了解放军艰苦朴素、勤俭节约的故事后，对他们有很大启发。为了进一步使他们了解点滴节约、积少成多的意义，我把他们带到部队，搬出自己的节约箱给他们看。有个同学看到我捡的大半箱牙膏皮，便惊奇地说："哎呀！怎么捡这么多？"我对他说，这是我平时在水沟里、垃圾堆里一个个捡起来的。站在旁边的一位同学说："真是滴水成河，积少成多呀！"当场有很多同学向我表示决心，一定做到勤俭节约，不乱花一分钱。过后，他们真的也做了节约箱，捡了不少碎铜烂铁、牙膏皮、螺丝钉等。他们的实际行动，真使我感到十分高兴，同时也使我受到了很大的启发。我想：孩子们处处向我们学习，那我们更应该好好地听党的话，积极工作，努力学习，提高自己，处处以身作则，以我们的模范行为去影响和教育他们。从此，我便时刻严格要求自己，老老实实地工作，更刻苦地学习，丰富自己的知识。和小朋友接触时，带他们做一些有益的游戏，教他们唱歌、跳舞、赛跑、做操、讲故事等。因此，小朋友非常愿意和我在一起，真是无话不说，非常团结；过去爱打架、吵嘴的小同学也都变了样。以前有几个不守纪律的同学，听我讲了邱少云的故事后，也都变得很文明、有礼貌了。这样一来，我和孩子们交上了知心朋友，建立了深厚的感情。有时我要上哪去开会或学习，他们知道后，总是把我围成一团，手拉手地把我送到车站，分别时总是恋恋不舍，有的同学还掉眼泪哩。

小朋友们对我这样好，使我更加热爱和关心他们，更感到自己责任的重大。我看到他们有什么困难，心里就过意不去。有个小朋友（张玄）丢了一支钢笔，没笔做作业，我立即把自己的钢笔送给她，并鼓励她好好学习。她有了钢笔真是高兴万分，学习更加努力。有一次，她把考试成绩单送给我看，看她得了5分，我内心格外快乐。

两年来，在党的领导下，在同志们和老师们的帮助下，我协助少先队做了一点点本身应做的工作，党和共青团却给了我很大的荣誉。这荣誉应归功于党，没有党我一事也做不成。我衷心感谢党和共青团对我的鼓励和关怀。我决心听党的话，努力学习毛主席著作，用毛泽东思想武装自己的头脑，在任何艰苦和困难的情况下，毫不动摇，坚定不移地为伟大的共产主义事业奋斗到底。我决心更好地和小朋友们打成一片，帮助他们开展一些有益的活动。教育他们不忘过去，发奋读书，好好学习，天天向上。我要为培养共产主义的优秀接班人贡献自己的一点力量。

书中主要人物简介

雷春华　雷锋六叔祖父

雷明光　雷锋堂叔

彭德茂　原安庆乡农民协会主席、乡长

石天柱　雷锋邻居、小学同学

刘中柱　雷锋小学同学

李扬益　雷锋在龙回塘小学读书时的启蒙老师

谭　礼　雷锋在向家冲小学读书时的老师

肖叔陶　雷锋在荷叶坝完全小学读书时的班主任老师

夏　柳　雷锋在荷叶坝完全小学读书时的中队辅导员

常业勤　雷锋在荷叶坝完全小学读书时的大队辅导员

谢迪安　雷锋邻居、小学同学

吴强国　雷锋小学同学

黎国平　原望城县组织部干部、团望城县委书记

黄菊芳　原望城县委组织部干事

张兴玉　原望城县委书记、治沩工程指挥部政委

冯　健　原望城县大湖乡西塘高级农业社第二社社长，湖南
　　　　省劳动模范，全国青年社会主义建设积极分子

皮问安　原望城县委办公室主任

张建文　原望城县委交通班通讯员

彭固善　原望城县机关干部业余文化补习学校教员

周绍铭　原望城县委财贸部干事

彭正元　原望城县委组织部干事

解国良　原望城县委办公室干事

李仲凡　原望城县委组织部干事

冯乐群　原望城县委办公室机要秘书

钟光仁　原望城县委办公室干事，雷锋入团介绍人

谭以新　原望城县委办公室干事，雷锋入团介绍人

黄洪全　原望城县委副书记

易正昌　原望城县委办公室干事

胡庆云　原望城县委统计科干事

赵阳城　原望城县委副书记、治沩工程指挥部总指挥长

熊春祜　原治沩工程指挥部《治沩工地报》编辑、农民作家

刘大瑾　原治沩工程指挥部《治沩工地报》编辑

王佩玲　原望城县坪塘镇供销社营业员，1958 年春到团山
　　　　湖农场劳动锻炼

方湘林　原团山湖农场办公室干部

莫慎之　原团山湖农场三工区第三生产组组长

李湘枚　原治沩工程第九大队第四中队中队长、团山湖农场
　　　　民兵队副队长

秦中华　原望城县农校学生

李庆发　原治沩工程总指挥部副政委、团山湖农场场长，五

星人民公社党委书记

聂建辉　原望城县五星人民公社洪山大队妇女干部

杨必华　雷锋湖南同乡、鞍钢工友

易秀珍　雷锋湖南同乡，原鞍钢化工总厂炼焦车间统计员

张月棋　雷锋湖南同乡，原鞍钢化工总厂炼焦车间测温工

李长义　原鞍钢化工总厂洗煤车间推土机手，雷锋学开推土
　　　　机的师父

于明谦　原鞍钢化工总厂洗煤车间主任

白明利　原鞍钢化工总厂洗煤车间北工段段长

李钦荣　原鞍钢弓长岭焦化厂党总支书记

曹德胜　原姑嫂城生产大队党支部书记

傅广烈　原弓长岭铁矿电铲司机、鞍山市劳动模范

叶连升　雷锋湖南同乡，原弓长岭铁矿电铲司机，原鞍钢弓
　　　　长岭焦化厂工人

伍哲明　原沈阳军区工程兵工兵第十团卫生连连长

余新元　原辽阳市人武部副政委

荆悟先　原沈阳军区工程兵工兵第十团技术营营长

解生宽　原鞍钢化工总厂工人

闫志升　原鞍钢化工总厂洗煤车间推土机手，雷锋学开推土
　　　　机的第二任师傅

李德堂　原鞍钢弓长岭焦化厂团总支书记

戴明章　原沈阳军区工程兵工兵第十团军务参谋

张国民　原沈阳军区工程兵工兵第十团政治处主任

吴海山　原沈阳军区工程兵工兵第十团团长

薛三元　原沈阳军区工程兵工兵第十团运输连四排十班班长

陈广生　原沈阳军区工程兵工兵第十团俱乐部主任

韩玉臣　原沈阳军区工程兵工兵第十团运输连战士

崔东基　原沈阳军区工程兵工兵第十团技术营教导员

李超群　原沈阳军区工程兵工兵第十团运输连连长，雷锋入党
　　　　介绍人

高士祥　原沈阳军区工程兵工兵第十团运输连指导员，雷锋入
　　　　党介绍人

吴广信　原沈阳军区工程兵工兵第十团运输连宣传股长

庞士元　原沈阳军区工程兵工兵第十团运输连宣传干事

傅长奇　原驻抚顺钢厂部队15小队五排汽车司机

王延堂　原沈阳军区工程兵工兵第十团运输连战士

王寄语　原沈阳军区工程兵工兵第十团政治部副主任

佟希文　新华社原驻沈阳军区军事记者

李健羽　新华社原驻沈阳军区军事记者

稽炳前　原沈阳军区《前进报》总编辑

赵志华　原沈阳军区工程兵政治部宣传干事

张　峻　原沈阳军区工程兵政治部宣传干事

季　增　原沈阳军区工程兵工兵第十团摄影员

于长青　原沈阳军区工程兵政治部助理员

韩万金　原沈阳军区工程兵工兵第十团政委

赵玉瑞　原沈阳军区工程兵工兵第十团政治处副主任、组织
　　　　股股长

吕　清　原沈阳军区工程兵政委

杜　平　原沈阳军区副政治委员兼政治部主任

季道逯　原工程兵舟桥第八十一团政治处干事

郅顺义　董存瑞的战友、全国战斗英雄

庞春学　原沈阳军区工程兵工兵第十团运输连战士

赵桂珍　原抚顺市望花区建设街小学大队辅导员

于泉洋　原沈阳军区工程兵工兵第十团运输连战士

董　哲　原沈阳军区《前进报》摄影记者

吕长太　原辽阳弓长岭区安平乡姑嫂城生产大队村民

张兴吉　原沈阳军区工程兵工兵第十团运输连战士

乔安山　原沈阳军区工程兵工兵第十团技术营运输连二排四
　　　　班战士

洪建国　原沈阳军区工程兵政治部宣传处助理员

虞仁昌　原沈阳军区工程兵工兵第十团技术营运输连连长

佟占佩　原沈阳军区工程兵工兵第十团运输连二排四班战士

王良太　原沈阳军区工程兵主任、党委书记

陈雅娟　原抚顺市望花区本溪路小学五年级四班学生

刘家乐　原沈阳军区团政治处副政委

宋清梅　沈阳军区首届共青团代表大会代表

刘思乐　原沈阳军区炮兵 5040 部队炊事班班长，沈阳军区首届共青团代表大会代表、英模报告团成员，被誉为"永不生锈的螺丝钉"

廖初江　原吉林省四平市 6305 部队一营三连指导员，沈阳军区首届共青团代表大会代表、英模报告团成员，被誉为"学习毛主席著作标兵"

周恒卿　原沈阳军区炮兵 5071 部队一营三连计算兵

文淑珍　原长海县獐子岛"三八"号渔船船长兼民兵连长，沈阳军区首届共青团代表大会代表、英模报告团成员，被誉为"海上花木兰"

董蕙兰　原沈阳军区某医院军医，沈阳军区首届共青团代表大会代表、英模报告团成员，被誉为"好军医"

雷　凯　原沈阳军区某步兵团八连班长，沈阳军区首届共青团代表大会代表、英模报告团成员，被誉为"神枪手"

任连付　沈阳军区首届共青团代表大会代表、英模报告团成员，被誉为"军营好管家"

冉隆贵　原沈阳军区总医院传染科医务人员，沈阳军区首届共青团代表大会代表、英模报告团成员，被誉为"战胜草原风雪勇士"

纪玉春　原沈阳市新城子区望滨公社獐子沟村民

李希仁　雷锋湖南同乡、鞍钢工友，原抚顺军分区通讯班战士

洪淳克　原沈阳军区工程兵工兵第十团技术营运输连战士

参考文献资料

《中国共产党简史》，《中国共产党简史》编写组编著，北京：人民出版社中共党史出版社2021年版。

《中华人民共和国简史》，《中华人民共和国简史》编写组编著，北京：人民出版社当代中国出版社2021年版。

《雷锋精神生成机制的社会学研究》，邓建伟著，北京：人民出版社2020年版。

《信念之子：雷锋》，胡世宗著，北京：外文出版社2021年版。

《雷锋传》，殷允岭著，北京：中国青年出版社2012年版。

《雷锋在沈阳》，陈俊屹，陈凤军编著，沈阳：沈阳出版社2013年版。

《榜样》，湖南雷锋纪念馆主编，长沙：湖南师范大学出版社2018年版。

《雷锋在抚顺年谱》，王微，闫庆文编著，长春：吉林教育出版社 2015 年版。

《雷锋在弓长岭》，张惠双，张学东编著，沈阳：春风文艺出版社 2013 年版。

《雷锋在营口的故事》，韩晓东编著，沈阳：辽宁民族出版社 2009 年版。

《湖南雷锋纪念馆关于雷锋同志家史和雷锋童年情况调查及座谈会记录》，1966—1967 年。

《雷锋日记》，雷锋著，北京：解放军文艺出版社 1963 年版。

《望城县志（1988—2002）》，望城县志办公室编，北京：方志出版社 2006 年版。

《雷锋，从这里起步》，冯健著，长沙：湖南人民出版社 2013 年版。

《雷锋在 1958》，何宇红著，长沙：湖南大学出版社 2014 年版。

《雷锋志》，《雷锋志》编委会编，沈阳：白山出版社 2013 年版。

《雷锋在辽宁》，邢德铭编，北京：中国财政经济出版社 2013 年版。

《回忆雷锋（全2册）》，戴明章主编，北京：解放军出版社2015年版。

《工人雷锋》，张惠双著，北京：中国财政经济出版社2016年版。

《雷锋人生三部曲：望城起步》，中国社会福利基金会学雷锋基金管委会编；冯健著，北京：中国大百科全书出版社2018年版。

《雷锋人生三部曲：工人岁月》，中国社会福利基金会学雷锋基金管委会编；张惠双著，北京：中国大百科全书出版社2018年版。

《雷锋人生三部曲：伟大战士》，中国社会福利基金会学雷锋基金管委会编；胡世宗、陈广生著，北京：中国大百科全书出版社2018年版。

《雷锋在故乡》，陈克新主编，长沙：中南工业大学出版社1991年版。

《雷锋的故事》，吴红梅著，成都：四川文艺出版社2022年版。

《雷锋传略》，总政治部办公厅编研室编，北京：解放军出版社2012年版。

《告诉你一个真实的雷锋》，陶克著，西安：陕西人民出版社2013年版。

《永恒的丰碑——雷锋日记和雷锋故事集》，总政治部组织部编著，北京：解放军出版社 2012 年版。

《雷锋在我心中》，陈广生著，上海：上海大学出版社 2002 年版。

《崇高的荣誉：雷锋生前宣传报道汇编》，吴铁库编著，沈阳：辽宁教育出版社 2013 年版。

《心底的述说：献给雷锋诞辰八十周年》，吴铁库，詹丽杰，陈利儒编著，沈阳：沈阳出版社 2020 年版。

《毛主席的好战士——雷锋》，中国青年出版社编，北京：中国青年出版社 1963 年版。

《采访本上的雷锋》，余玮、吴志菲著，北京：中国摄影出版社 2014 年版。

《永远的雷锋：雷锋精神五十年》，马辂著，郑州：河南文艺出版社 2012 年版。

《雷锋：毛主席的好战士》，胡月著，北京：中国青年出版社 2021 年版。

《雷锋》，榜样编辑部编，北京：中国摄影出版社 2012 年版。

《雷锋日记选》，总政治部编，北京：解放军文艺出版社 1989 年版。

《雷锋全集（珍藏版）》，雷锋著；邢华琪编，北京：华文出版社 2012 年版。

《雷锋照片大全》，中国社会福利基金会学雷锋基金管委会编，北京：解放军出版社 2012 年版。

《雷锋在军博》，中国人民革命军事博物馆编著，北京：长城出版社 2013 年版。

《雷锋在吉林》，孙春林，孙卓编著，长春：吉林大学出版社 2017 年版。

后　记

习近平总书记指出，我们既要学习雷锋的精神，也要学习雷锋的做法，把崇高理想信念和道德品质追求转化为具体行动，体现在平凡的工作生活中，作出自己应有的贡献，把雷锋精神代代传承下去。1962 年 8 月 15 日，雷锋因公殉职。转眼时间已过去一个甲子，随着雷锋生前的亲友、同学、同事、战友逐渐老去、逝世，随着记录着雷锋生前生活点滴的纸张泛黄、散轶，有关雷锋 22 年短暂人生的记忆细节越来越模糊。人们熟悉"雷锋出差一千里，好事做了一火车"的故事，却逐渐少有人知道：雷锋在家乡有疼爱他的六叔祖父、六叔祖母、堂叔雷明光等帮他度过了苦难的童年时期；有格外照顾他的乡长彭德茂曾亲自送他上学；有经常言传身教的县委书记张兴玉给他讲"螺丝钉"的道理。这些平凡人物身上的细节、小事对于雷锋精神的孕育有着重要的意义。如果这些细节、小事就此遗失或者被误传，那么在雷锋精神的发祥、形成的链条上将失去最基础最重要的一环，于雷锋精神研究将是莫大的损失。

在雷锋同志因公殉职 60 周年之际，我馆编辑出版了《雷锋年谱》，以时间为轴线，力求将雷锋平凡而伟大的 22 年客观、翔实地呈现在广大读者面前。本书所收集的资料、素材来源有三：一是有关文物资料，包括雷锋的日记、书信、照片等；二是全国各地公开出版的历史文献资料；三是我馆近 60 年来走访雷锋生前故旧、征集雷锋有关资料的积累。在本书的编写过程中我们将这些资料进行汇总、对比、甄别，对可能存在的错漏加以考证，去伪存真。在编撰、校对的过程中，我们还多次邀请雷锋生前故旧一起进行回忆、梳理，力求最大程度客观地还原雷锋 22 年的人生脉络。

在本书的构思、编写、校稿过程中，湖南省委宣传部，湖南省社会科学院，湖南人民出版社，湖南省雷锋精神研究会，《雷锋》杂志社，长沙市委宣传部，长沙市望城区委、区政府，长沙市望城区委宣传部，长沙市望城区雷锋精神研究会等部门和单位给予了有力的支持；谭仲池、陶克、蒋祖烜、张志初、肖凌之、胡代松、黄海、贺培育、陈澎、周志凯、李晖、雷炘、石海、后毅、张云峰、唐曙光、彭娟、殷军德、翟元斌、吴铁库、董兴喜、覃正爱、邓建伟、牛志芳、罗文章、罗慧玲、骆志平、陈亮伟、邓建华、朱红军、李宏、吴建刚、刘宏伟、贺艺、周登攀、黄跃新、严璐、蒋波、余海燕等领导和专家给予了悉心指导；冯健、谢迪安、胡庆云、冯正其、张建文、吴强国、李湘枚、李建芝、石天柱等雷锋生前故旧提供了大量史料，在此一并致以深切的谢意；本书在编写过程中还参考了雷锋精神研究领域的诸多专家、学者和单位的研究成果，在此也特别致谢！

今年是毛泽东等老一辈革命家为雷锋同志题词60周年，为此，在湖南省委宣传部和湖南人民出版社的支持下，我们决定出版本书的纪念版。在修订编辑过程中，前述领导和专家继续给予了我们精心的指导，同时，也得到了邢华琪、华东方、陈雅娟、孙春林、谭卫兵、李玉上、储上奇等专家和许多热心读者的支持，让本书得以在较短时间内再次出版，谨此再次致谢。

本书虽集众人之力，但因我们水平有限，难免挂一漏万，不当之处，敬请广大读者批评指正。

编者
2023 年 2 月

图书在版编目（CIP）数据

雷锋年谱：纪念版 / 余旭阳，邹文主编. —长沙：湖南人民出版社，2023.3（2024.3）

ISBN 978-7-5561-2799-3

Ⅰ. ①雷… Ⅱ. ①余… ②邹… Ⅲ. ①雷锋（1940—1962）—年谱 Ⅳ. ①K825.2

中国国家版本馆CIP数据核字(2023)第024264号

LEI FENG NIANPU：JINIAN BAN

雷锋年谱：纪念版

策　划	舒全球
主　编	余旭阳　邹　文
出版统筹	黎晓慧　陈　实
监　制	傅钦伟
产品经理	曾汇雯
责任编辑	聂双武
责任校对	杨萍萍
封面设计	陶迎紫　谢俊平

出版发行	湖南人民出版社［http://www.hnppp.com］
地　址	长沙市营盘东路3号
邮　编	410005

印　刷	深圳市彩之美实业有限公司
版　次	2023年3月第1版
	2024年3月第4次印刷
开　本	710 mm×1000 mm　1/16
印　张	22.25
字　数	160千字
书　号	ISBN 978-7-5561-2799-3
定　价	98.00元

营销电话：0731-82683348（如发现印装质量问题请与出版社调换）